社会系教科の評価をめぐる理論と実践

社会科の評価について考える会［編］

風間書房

まえがき

　本書は，「評価」を軸に，社会系教科における学習・教授の理論，調査研究及び実践について論じたものである。

　学校教育における「評価」への興味関心は高い。一方で，「評価」という言葉の中には，多様な意味が含まれているがゆえに，いわゆる「ブラックボックス化」している状況がある。その上，「社会系教科」のように制度上でも，「生活科」，「社会科」，「地理歴史科」，「公民科」など様々な教科を含み，また，目標，内容，方法においても社会状況に左右される「社会科」においては，そもそも「授業観」ですら，共有することが難しい。このあたかも「入れ子構造」のように見える「評価」についての研究は次のようにまとめることができよう。

　まず，A．社会科の「本質」についての研究である。

：評価のための「目標」分析研究

> ○「社会科」といえる「授業」はどのようなものか？
> ○「社会科」を通して，育成しようとする「生徒」はどのようなものか？

　次に，B．社会科の「方法」についての研究である。

：「基準」を達成するための「方法」分析研究

> ○「社会科」の「授業」を，教師はどのように具体化しているのか？

　そして，C．社会科の「実装」に関わる実践研究である。

：「目標」，「方法」の具現化のための研究

> ○「社会科」の「授業」はどのように実践されたのか？

○「社会科」を通して,「生徒」はどのように成長したのか?

このA〜Cの3つの段階が関連しあうことにより,「社会科」の多様性や「よさ」についての議論が可能となる。

「評価」の研究は,「方略」についての研究と捉えられることが多い。昨今のAIなどの技術の進化により,あたかも,何らかの「方略」を用いれば,誰からも文句の言われない「評価／価値づけ」ができるような感覚に陥ることも多く,その傾向は,より顕著なのではないか。しかし,「評価」の前提には,何らかの「社会科」の捉えがあり,「事実」がある。「事実」に基づく多様な「社会科」の捉え,比較によってこそ,「評価／価値づけ」が可能となる。これがひいては,授業としての「是非」の判断や,子どもの状況に即した適切な授業形態の「選択」を可能なものとするのではないだろうか。

本書は,いわゆる社会系教科を対象に「社会科」の「評価」についての研究を進めてきた「棚橋ゼミ」の面々を中心に,このA〜Cの3つの面から見た評価についての論考を,「海外・理論」,「国内・調査」,「実践」の大きく3つのパートに分け,論じたものである。これに,社会系教科の「よさ」や可能性をテーマとした「コラム」や,棚橋氏の社会系教科の評価をめぐる研究を系譜として整理した「資料編」も掲載している。本書の出版を通して,これまでとこれからの社会系教科の「よさ」についての研究推進の一助になれば幸いである。

最後になるが,本書の出版企画を快くお引き受けいただいた風間書房の風間敬子氏,並びに,校正を担当していただいた斎藤宗親氏に心から感謝申し上げたい。

2023年11月

編集を代表して

井上奈穂

目　　次

まえがき

第Ⅰ章 海外・理論

市民性教育における学習成果の評価の役割
―「責任の分散システム」の構築―

１．問題の所在―評価結果に対する責任の一極集中―

　社会科において，なぜ評価を行うのか。子どもたちの「学び」をとらえ，価値づけることにはどのような意味があるのか。本稿の目的は，社会科教育実践における評価の役割を問い直すことによって，社会科評価実践の目的・目標論を考察することである。

　なぜ評価の目的・目標論を論じようとするのか。研究の意義を明らかにするために，二人の当事者の視点から評価実践を取り巻く現状を確認しよう。当事者の一人目は生徒。以下に評価を受ける側の悩みを紹介する。続く二人目は教師。評価を施す側の悩みである。

⑴ある生徒の悩み―私たちは何を目指すべきなのか―

　高等学校３年生のある生徒が，以下のような意見を発しており，注目を集めた⁽¹⁾。

> 「先生によって観点の重みが違うんです。授業態度をとても重視する先生もいるし，テストだけで判断するという先生もいます。そうすると，どう努力していけばよいのか本当に分かりにくいんです。」（中央教育審議会初等中等教育分科会教育課程部会児童生徒の学習評価に関するワーキンググループ第７回における高等学校３年生の意見より）

　これは2019年６月に文部科学省・国立教育政策研究所教育課程研究センターが公にした『学習評価の在り方ハンドブック（高等学校編）』からの引用で

4

ある。「評価に戸惑う生徒の声」[2]と題された小さなコラムの一部分であるが，学校で行われている学習評価の実態をよく表している。

　この声を受ける形で，コラム内において，センターから次のような評価の考え方が示されている。

> 　あくまでこれは一部の意見ですが，学習評価に対する児童生徒のこうした意見には，適切な評価を求める切実な思いが込められています。そのような児童生徒の声に応えるためにも，教師は，児童生徒への学習状況のフィードバックや，授業改善に生かすという評価の機能を一層充実させる必要があります。教師と児童生徒が共に納得する学習評価を行うためには，評価規準を適切に設定し，評価の規準や方法について，教師と児童生徒及び保護者で共通理解を図るガイダンス的な機能と，児童生徒の自己評価と教師の評価を結び付けていくカウンセリング的な機能を充実させていくことが重要です。

　評価実践を取り巻く現状は，教師が設定した目標に対して生徒に忖度を求めてしまっていると言えそうである。教師は何に向かって努力をさせているのか。生徒は何に向かって努力をしているのか。評価の目的について目指すところが共有されていないため，「求められる方向性はおそらくこうなのではないか」と教師の気持ちを推しはかることを生徒に暗に求めてしまっているのだろう。

　上記のコラムは，生徒と教師の「努力のすれ違い」が生じている事例と捉えることができる。学習評価の現状は，もしかすると，学びの成立そのものを阻害する要因となっているのかもしれない。ガイダンス的な機能とカウンセリング的な機能を充実させていくことが重要と示されているが，具体的にどのようにすればよいのかについては示唆されていない。上記の高校生の悩みは，評価を取り巻く課題の本質をついているのではないだろうか。

⑵ある教師の悩み―私たちはどのように評価実践を開発すべきなのか―

①テスト問題の実際―わが町の時事問題を取り上げたペーパーテストの場合―

　「問題解決力を鍛える」テストを開発したい。そのような期待をもってある中学校教師が中間テストの作問を試みた[3]。この教師は地域においても，問題づくりが上手だ，と評判で，多くの教師がその「良さ」を認めている。問題を見ると，確かに皆が参考となるような問題作成上の工夫が確認できる。以下は，その教師が開発した中間テストの一部を抜粋したものである。

Ⅵ．高鍋町に住むジャイアン君は，将来，高鍋町で会社を作りたいと考えている中学生である。新聞記事（本稿では割愛）の企業ブランドランキングを見て，ジャイアン君と一緒に高鍋町の将来を考えてみてください。

⑴新聞記事を正しく読み取っているものを，ア～エから2つ選び記号で答えよ。（選択肢は割愛）

⑵新聞記事の企業の中で，高鍋町に工場を建設予定の企業名を答えよ。（「キャノン」が正解）

⑶⑵の企業が高鍋町に工場建設をすることで，高鍋町にどんな良いことがあると考えられるか。人口と財政の2つの視点から答えよ。（「人口や法人税の増加が期待できる」ことが書かれていれば正解）

⑷このように高鍋町は，住民の利益のために企業誘致を積極的に行っている。あなたはジャイアン君になって，企業誘致以外にも高鍋町にやってもらいたいことを挙げて，それを黒木町長にお願いする文章として表現してみよう。

（「子育て，女性の活躍，災害への備え，教育の充実」などが書かれていれば正解）

注　設問内の（　）は筆者による。

　対象学年は中学2年生。生徒が住んでいる高鍋町の時事問題を扱ったものである。まず⑴において，新聞記事の読み取りを行い，⑵で町に誘致された企業名を答えさせる。⑶で人口と財政という見方・考え方に基づき企業誘致の長所を作文させ，⑷で町の存続のために必要なさらなる取り組みを発案させている。設問の流れを説明するとこのようになろう。

②作問者による問題作成の意図の説明―評価に関する目標・内容・方法の一貫性に基づく考察―

　問題作成の意図を「評価目標」「評価内容」「評価方法」の観点に沿って作問者に尋ねてみる[4]。

　何のために評価を行うのか。この問いに対する主張を「評価目標」という。開発の意図については,「子どもが実際の社会に出ても困ることがないように『問題解決の力』を育成したいと思っている。テストの中でもそれを発揮させたい」との説明を得た。

　定めたねらいを達成するために子どもたちに何を問うのか。この問いに対する主張を「評価内容」という。評価内容に関する本問題の特徴的な設問は(3)と(4)であり,それぞれに作問者なりの学力形成の意図があるという。

　具体的には,(3)の設問に正解することによって,社会には自分たちが「問題であるということにすら気づいていない」未発見の問題があるのではないかという疑問を持ってほしい。また(4)の設問に答えることによって「問題だと気付いているが解決していない」未解決の問題が現代社会には多くあるということを指摘してほしい。(3)は「問題の存在を発見する力」,(4)は「問題の解決を志向する力」を問う設問になっているとのことであった。

　決めた内容をどのように問うのか。この問いに対する主張を「評価方法」という。作問者のいう「問題解決の力」は,「問題の存在を発見する力」と「問題の解決を志向する力」からなっており,この順序の通りに設問を設定することで生徒の思考を導こうと意図しているとのことであった。

③問題づくりのポイント―指導の機能―

　この教員の作問では,問題の存在の発見と解決の志向により高鍋町の持つ問題を顕在化させることが目指されていた。その際,テスト問題は,解答を導くことが求められていただけでなく,解答を導くことで新しい学習を求めるものにもなっていたと言える。設問が持つ「指導の機能」を大切にするこ

とが「問題解決力を鍛える」問題づくりの大切なポイントだと考えられていることが読み取れる。

④真摯に問題作りに取り組んだからこそ生まれた悩み－教科原理と実践の現実との乖離－

　さて，問題作りを経て，この教師が抱えた悩みは何だったのか。①②③で説明した通り，この教師は問題作成についてよく考えていると言えるだろう。生徒の将来に役立つように「指導の機能」を重視した問題構成を検討し，各設問の意図を自身の中で明確にしている。真摯に問題づくりに励んでいると言えるだろう。

　しかし，だからこそ，新たな悩みが生まれることになった。悩みの根底には，社会科の教科原理と現実の実践に乖離があり，そこを埋めることができないまま実践を重ねざるを得ない現実があったとのことである。聞き取りにより明らかになった教師の悩みと，その悩みを解決するために筆者が考えた方途を示すと以下のようになるだろう。

【悩み】
- 現状，授業者・出題者としての教師は，作問構成とその意図について説明できるが，しかし，先に説明した観点で評価されているということを生徒たち自身は知らされていない。評価の過程において，教師はまるで王様のようであり，生徒はなされるがままになっているのではないか。
- 教室において，絶対権力者として生徒の学びを見取り，価値づける。果たしてそれが「民主主義社会や国家にふさわしい青少年を育てる教科」，つまり，社会科の評価の在り方としてふさわしいのか。
- 社会科固有の評価研究を推進するために考えなければならないことがあるのではないか。授業において目標を立てる人間は教師か子どもか。教師が一方的に目標を立てると，学習成果の出来不出来に関する責任も教師が背負うことになる。授業の学習成果を表現するために，結果，見取

りやすい力しか見取らないようになるのではないだろうか。

【方途】

- ・生徒も目標づくりに参加させたとする。評価結果の責任を生徒も背負うことになるが，教師の絶対権力による評価からは解放される[5]。
- ・「学び」のとらえ方，価値づけの仕方を教師と生徒が納得した上で評価すれば（あり方の良し悪しを考察する，合意する，契約する，実施する），絶対権力による評価から逃れることができる[6]。
- ・教室空間において，評価主体が持つ権力性とその分散のあり方を考察することこそが，社会科固有の評価を考える意義・方向性ではないか[7]。
- ・社会科評価実践の目的は，評価主体の権力性を分散させる機能を持たせることではないか。
- ・社会科において，なぜ評価を行うのか。人々にとって必要がないものは消えていくはずである。しかし，社会科において評価は，なぜか消えることなくずっとやり続けられている。そこには積極的な意義がなければならないはずである。必要性はどこにあるのだろうか。その必要性は，点数による序列付けだろうか，指標に基づくランキング化だろうか。教師による見取りというが，その内実は依然としてはっきりとは示されてこなかったのではないか。
- ・多くの教師が指針を得られず困っている。そしてそのことが学習の成立と授業や評価の実践を困難にしている。このような側面も評価実践の現実とは言えないだろうか。

⑶評価結果に対する責任の一極集中

　高校3年生の悩みは，評価で目指す方向性が共有されないため，「求められる方向性はおそらくこうなのではないか」と授業の目標を忖度せざるを得ない状況にあること，であった。

　教師の悩みは，評価で目指す方向性が教師の中だけに閉じてしまっていた

ため，評価実践におけるすべてを引き受け，まるで絶対権力者のようにふるまわざるを得ない状況にあること，であった。

　生徒と教師の「努力のすれ違い」を克服する良いアイデアはないものだろうか。学びの成立を阻害している学習評価の現状（授業を行うのは教師。評価を行うのも教師。ゆえに評価の結果については，その責任を教師だけが背負う構造となっている。学びの責任は生徒にこそあるが[8]，その責任は教師に一極集中しており，生徒に分散されていない。結果，教師は説明責任を果たすために，見取りやすい学力しか見取らなくなる。）を克服する方法を考える必要がある。権力性の生成と制御，責任の分散。民主主義を通底させる社会科だからこそ求められる評価の形を模索する。これが本稿の「問題の所在」であるとしよう。

⑷どこに示唆を求めるか－1990年代後半のアメリカ合衆国－

　では思索の先をどこに求めるか。本稿では，1990年代後半のアメリカにおける教育実践に注目したい。アメリカではこのような課題を先んじて経験し，その克服の方法をすでに考察し，実践を蓄積しているからである。本稿では教育の具体として，Allan A., Glatthorn., Don Bragaw., Karen Dawkins., and John Parker. *Performance Assessment and Standards-Based Curricula: THE ACHIEVEMENT CYCLE*, Eye On Education, 1998（以下，【分析対象Ⅰ】と表記）と Barbara Miller and Laurel Singleton., *Preparing Citizens : Linking Authentic Assessment and Instruction in Civic/Law-Related Education*, Social Science Education Consortium, 1997（以下，【分析対象Ⅱ】と表記）を取り上げ，評価主導の学習開発の事実を確定したい[9]。

　この二つの理論書は，"Authentic Pedagogy（オーセンティック教育学）[10]"による授業を一般の教師が開発できることを目的として著されたものである。教育現場でも本書の理論をもとに具体的な授業が開発されている。そしてその授業開発過程は，本稿で注目している「責任の一極集中」を克服する論理を内在しているものである。

２．評価結果に対する「責任の分散システム」の構築―オーセンティック概念に基づく授業開発モデルの場合―

⑴プロジェクトの問題意識と授業の事実

　本プロジェクトの問題意識を端的に表現すれば，「学校の学びと生活との乖離」であるということができる。学校教育の中で行われている生徒の学習活動は，普段の生活から切り離された学校という特別な環境の中で展開されており，学校で教えられる事柄の多くが，普段の生活とは直接的な関係を持たない概念的，抽象的な知識であること，そして，このような中で行われている学習は，実は学習の極めて特殊な形態であり，本来の学習の姿からは隔たったものであることが問題であるとされている。ゆえに，学校教育のカリキュラムを開発する際には，できるだけ多くの人々が教育の開発に参加し，学校の学びを生徒の生活に近づけるべきであるとする。カリキュラム開発においても，多くの人間が意見し，生徒の学習に関わるべきであるとする。本プロジェクトにおいては，具体的な社会科単元として「平等権の獲得」が開発された。平等権の獲得過程を歴史的に学習することで，それがアメリカ社会の法と民主主義的価値として存在し，現在においても自分たちの社会の基礎となっていることを生徒に気づかせることを目標としている[11]。

⑵カリキュラム開発の実際―アチーブメント・サイクルと観察体制による他者の意見の取り込み―

　では，授業者は具体的にどのような作業を経て「平等権の獲得」を作ったのだろうか。実際の手順を再現したものが表１の「授業開発モデル」である[12]。手順は大きく４段階からなっており，「Ⅰアチーブメント・サイクルの理解」「Ⅱスタンダードに基づくカリキュラムの開発」「Ⅲパフォーマンス課題とパフォーマンス評価の開発」「Ⅳ評価に基づく単元の開発」となっている。

　「Ⅰアチーブメント・サイクルの理解」にあたり，まず教師がすべきことは，資料1に示した授業開発のフレームワークを理解することである（⑴　オーセンティックに基づく授業開発のフレームワークの図式を理解する）〈以下，（　）は表1にある開発方略の番号を指す〉。授業開発の過程は，大きく三つの段階からなっている。自分の所属している州のスタンダードや各教育団体が発行しているそれをもれなく収集し，そこから自分独自のカリキュラムを作成する過程，作成したカリキュラムをもとに，授業で生徒に追及させたいパフォーマンス課題を校長や他教科を含めた教員からなる指導チームに見せ，評価と批判を仰ぐ過程，その意見をもとに単元を開発する過程である。この大きな流れをアチーブメント・サイクルと呼んでいる。

　アチーブメントサイクルには，継続的な評価体制が敷かれていることも理解する⑵。これは資料2に示すように，開発の各過程でその進行具合や理念の反映等に関し，他の教師，校長，教育委員会などの管理職から自分の開発に対して評価が下り，意見を取り込む機会があることを理解するのである。また評価にあたる教師，校長，管理職もいわゆる「助言を行うことを目的とする市民による協議会」から定期的に観察体制が入っていることを知ることになる。教師に与えられる評価の基準は前もって明らかにされている⑶[13]。

　「Ⅱスタンダードに基づくカリキュラムの開発」の段階では，教師は様々な団体から発行されている内容スタンダードとカリキュラムを構成する指針が掲載されたカリキュラムガイドを収集し，そこから市民が子どもに育成したいと希望する知識・能力を抽出する⑷。さらに抽出した知識・能力をリスト化し，自分の経験，科目の知識，生徒の状態に照らし合わせてリストに優先順位をつける。その優先順に基づきすべての生徒に達成を意図する「必須スタンダード」と時間があれば達成を目指す「付加スタンダード」に分ける⑸。最後に整理したスタンダードに含まれる科学的知識と手続き的知識（スキル）を分離する⑹。そして同僚の教師や別の学年を担当している教師にも，自分の作成した知識とスキルを見せ，資料3にあるような評価の基準表をも

表1 授業開発モデル

分析対象Ⅰに示された授業開発の手順
／ 分析対象Ⅱで記録された実際に教師が行った思考・行動

Ⅰ アチーブメント・サイクルの理解
 (1) オーセンティックに基づく授業開発のフレームワーク（アチーブメント・サイクル【資料1】）の図式を理解する／教師は次のような視点により授業が観察されていることを知る。（今回の開発では，スタンダードに基づくカリキュラム開発が求められていること，パフォーマンス課題とパフォーマンス評価の開発が求められていること，評価に基づく単元の開発が求められていること）
 (2) オーセンティックに基づく授業に必要な継続的な観察体制を理解する／教師は次のような視点により授業が観察されていることを知る（教師，校長，管理職によるカリキュラムの批評，他の教師による授業計画の評価，上司による教師の観察）
 (3) オーセンティックな指導に関する観察（評価）基準を理解する／教師は与えられた〈観察（評価）基準〉を理解する。【資料2】の図式を理解する

Ⅱ スタンダードに基づくカリキュラムの開発
 (4) 様々な団体から発行されている内容スタンダードを収集・リスト化し市民が子どもに育成したい知識・能力を収集する
 (5) 市民が育成を期待する知識・能力を整理する
 (6) 整理したスタンダードに含まれる科学的知識と手続き的知識（スキル）を分離する／【資料3】の基準表を理解する

Ⅲ パフォーマンス課題とパフォーマンス評価の開発
 (7) 課題を作成する前提を確認する／出来上がった課題を校長に見せ，その意見を元に再検討する
 (8) 授業における生徒の状態を確認する
 (9) 生徒が自分の学習を確立する方法について再考する
 (10) スタンダードに合わせ授業で用いるシナリオを作る
 (11) パフォーマンス課題を評価するための基準をもとに自分の作った課題を再検討する
 (12) 生徒を評価するためのルーブリックを作成する

Ⅳ 評価に基づく単元の開発
 (13) パフォーマンス課題を分析する
 (14) 単元を組織化する
 (15) 単元のシナリオを諸条件に合うように再考する
 (16) 授業をスケッチする
 (17) 評価（他の人からの観察とそれに基づく意見）に基づいて単元を創作する
 (18) 評価（他の人からの観察とそれに基づく意見）をもとにした単元を実行すること／どのように単元・授業を作ったのかを生徒に説明し，これからのプロセスの概略を示す

資料1　アチーブメント・サイクル

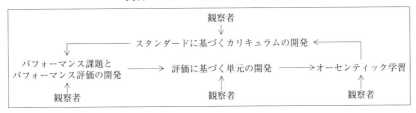

資料2　授業の観察体制

資料3　内容スタンダードに基づいて作成されたカリキュラム評価の基準表

> カリキュラムは次のようでなければならない
>   1．達成可能な課題の数になっているか。
>   2．発達段階的に適切か。努力をもって達成可能か。
>   3．明確に示されているか。
>   4．学年を経るにしたがって進化しているか。過度に繰り返すことなく，以前に学んだことの上に積み上げられているか。
>   5．スタンダードと直接的に関連しているか。
>   6．一つの学年で積みすぎたり，過少にしたりしないように各学年にわたって効果的に分割したか。
>   7．各領域の専門家の意見や経験豊かで知識豊富な教師の意見を反映させているか。
>   8．各学年で重点的に扱う内容を踏まえているか。

（表1，資料1，2，3は，Allan et al., 1998, pp. 3-103.; Barbara et al., 1997, pp. 5-40. の記述をもとに筆者が作成した。）

とに意見をもらい，更に再構成しなおす過程を経る。

　「Ⅲパフォーマンス課題とパフォーマンス評価の開発」の段階では，まず授業で扱う課題を作成する前提，例えば「必須スタンダードの学習には授業全体の50〜70％の時間を費やすようにする」ことや「出来上がった課題は校長に見せ意見を仰ぐ」ことを確認する(7)。そして，自分の担当する生徒の状

態を確認し(8)，生徒に課題を追及させる方法を選択する(9)。

　以上のような過程を経て，具体的な授業の開発に入る。教師は授業の具体像を明確にするために，授業の概略を示したシナリオを作成する(10)。またパフォーマンス課題の基準表を用いて，自分の作成した課題を再検討する(11)。そして生徒を評価するためのルーブリックを作成する(12)。

　「Ⅳ評価に基づく単元の開発」の段階では，自作のパフォーマンス課題をさらに知識と手続き的知識（スキル）に分けて分析を重ねる過程が取られている(13)。この作業の後，具体的に他の教師，校長，管理職の評価に応えるために授業をスケッチする(14)(15)(16)。そこには「テーマ」「主要な問い」「目的」「教材」「授業の手順」が記載され，教師はこのような書類を持って最終的な評価を受け，意見収集することになる(17)(18)(14)。

　以上，再現した授業開発過程をみると，教師が行う授業の中に市民が期待する知識・能力を反映させようとしていることや，授業開発に際して度々教師に対し評価が施され，意見収集の機会が確保されていることが分かる。

３．本プロジェクトの取り組みから得られる示唆―決定権の分散と責任の重点移動―

　学習状況のフィードバックや授業改善に生かすという評価の機能を充実させる必要を認識し始め，その手立てとしてガイダンス的な機能とカウンセリング的な機能を盛り込もうとしてはいるが，開発方法の具体的な提案が乏しかった日本においては，先の高校生及び中学校社会科教師のような悩みが生じている現実があった。そしてそれらは，民主主義を扱い教える教科である社会科の教科原理に関する本質的な悩みであった。

　本プロジェクトで明確化された授業開発モデルでは，教師一人がすべてを判断するという「一極集中」の状態を避けるために，数多くの意見収集の機会が保障されていた。これはいわゆる「制御された力の行使」を意味していると言えよう。本プロジェクトが採用している決定権の分散体制は，民主主

義における市民が政治的権力を持った断片であり，民主主義の成長とは政治権力の断片化が進行する過程であるとする民主主義発展の歴史と重なるものである(15)。一人の教師から多くの人々へと決定権を分散し，責任の重点移動を実現している本プロジェクトから学ぶことは多いだろう。

4．行動様式と哲学の実践的転回の必要性

　実践的課題を漸新的に遂行する過程こそ成長である。冒頭の高校3年生（外見上の被治者）の悩みと教師（外見上の支配者）の悩み，及びその課題を克服しようと実践を蓄積してきたアメリカの取り組みは，私達が取り得る評価についての「行動様式と哲学」の実践的転回の必要性を示唆してはいないだろうか。民主主義社会の本質は，外見上の支配者が実は奉仕者であること，逆に外見上の被治者こそが実は支配者だというところにある。今後，求められることは，決定権の分散と責任の重点移動を学び手である生徒にまで拡大することである。外見上の支配者から外見上の被治者へ学びの決定権を移動する取り組みへの鍵は，評価を用いた「学びについての『責任の分散システム』」を構築することにある。そうすることで，多くの悩みが解決できるのではなかろうか。

（藤本将人）

註
（1）高校生の意見及びその意見を受けた学習評価の在り方に関する具体的考察については，藤本（2021）を参照。
（2）「評価に戸惑う生徒の声」は，文部科学省・国立教育政策研究所教育課程研究センター（2019, p.5.）に記載がある。
（3）中間テストの事実とその具体的解説については，藤本（2018a）を参照。
（4）聞き取りの内容については，藤本（2018b）を参照。
（5）このような発想は，加賀（2020, p.5.）から示唆を得た。加賀はデューイ思想の形成過程をたどることで，民主主義の哲学を論じた研究者である。

16

（6）この点について，授業と評価の実践を合わせて考察し，生徒の学習の実態を明らかにした研究として，鬼塚・藤本（2021）がある。

（7）この点について，小学校を事例に評価の在り方を考察したものに，藤本（2010）がある。

（8）この見解については，中内（1991）を参考にした。中内は，「到達目標は，子どもが本来ならみずからつくりみずからに課すところに成立すべき教育目標を，子どもがまだその能力をもっていないがゆえに，教師が子どもに代わってつくる性格のもの，つまり，教育を受ける権利期間中にある子どもとの間に論理的に想定される一種の約束にしたがって，教師が，子どもが自分でそれができるようになるまでの間，かりにつくり，あずかり，課しているところの，教師にとっては約束にもとづく保障義務とみるべき目標だということになるだろう」と説明している。この説明は到達目標だけでなく，目標一般に言えることであると筆者は考えている。

（9）教育プログラムの具体的分析については，藤本・福田（2007）を参照。

（10）本プロジェクトで使用された"Authentic Pedagogy"という言葉は，2022年現在，日本の社会科教育においては「真正な評価（authentic assessment）」という言葉で共有されている。その定義は，「『真正な評価』とは，大人が社会生活を過ごす中で解決が求められるような，現実世界の課題を模写した「本物の」評価課題に取り組むことを求める評価の方法」とされている。藤本（2022）を参照。

（11）「最終的に出来上がった授業」の具体的事実については，分析対象Ⅱに記録されており，前掲（9）の論考の中で詳細を再現している。藤本・福田（2007, p.91.）を参照。

（12）授業開発モデルのより詳細な事実については，前掲（9）の論考の中に掲載している。藤本・福田（2007, pp.88-90.）を参照。

（13）具体的には，以下のような基準が与えられる。「①長期的であること：長期的なタイム・スパンを通して生徒の学習を評価すること。②オーセンティックであること：学校の外で求められる知識やスキルを含んだものであること。③開かれていること：スタンダードや評価基準は前もって生徒，教師，親によって示されていること。④バイアスがないこと：生徒の学習スタイル，背景，文化を尊重するにあたって，不公平な差別がおこらないような過程をふむこと。⑤創造的な知識の使用を要求するものであること：問題解決をする際，生徒に知識を構成させ，それを用いるように要求すること。⑥過程重視であること：生徒に作品やパフォーマンスの制作を要求するようなものであること。⑦生徒中心であること：自己評価や評価の基準の開発に生徒を取り込むこと。」Allan et al（1998, pp.6-7.）を参照。

(14)「他の人からの観察とそれに基づく意見」については，具体的に以下のような視点が示され，授業者は他者から意見をもらいながら授業を開発する。①学校の地区と住所，開発者の名前，日付が書かれているかどうか，②単元名が適切かどうか，③意図されていた科目と学年が明確かどうか，④単元で用いるカリキュラムスタンダードが明確かどうか，⑤基準とルーブリックを伴うパフォーマンス課題となっているかどうか，⑤授業を豊かにしたり，補習したりするための案があるかどうか，⑥単元を価値づけるための形式が整っているかどうか。

(15) このような見解は，加賀の研究から示唆を得ている。加賀（2020, p. 5.）を参照。

参考文献

・宇野重規（2020）『民主主義とは何か』講談社。
・大澤真幸（2019）「序　社会学に固有の課題」『社会学史』講談社現代新書，pp. 3-22。
・鬼塚拓・藤本将人（2021）「民主主義の実践が問い直す社会科評価の方法―「社会的な見方・考え方を選択して論述する問題」を事例として―」『社会系教科教育学研究』第33号，pp. 31-40。
・加賀裕郎（2020）『民主主義の哲学―デューイ思想の形成と展開―』ナカニシヤ出版。
・國分功一郎（2013）『来るべき民主主義』幻冬舎。
・児玉修（2012）「社会科と民主主義」社会認識教育学会編『新社会科教育学ハンドブック』明治図書，pp. 17-25。
・田中耕治（2008）『教育評価』岩波書店。
・田中耕治（2017）『教育評価研究の「回顧と展望」』日本標準。
・棚橋健治（2002）『アメリカ社会科学習評価研究の史的展開―学習評価にみる社会科の理念実現過程―』風間書房。
・棚橋健治（2004）「社会科教育実践の評価―学習の成果をなぜ，どのように評価するか―」溝上泰編著『社会科教育実践学の構築』明治図書，pp. 219-229。
・棚橋健治（2007）『社会科の授業診断』明治図書。
・中内敏夫（1991）「到達目標論の教育過程研究にとっての意義」『教育目標・評価学会紀要』創刊号，pp. 19-21.
・藤本将人・福田正弘（2007）「オーセンティック概念に基づく社会科授業開発モデル―知識構築型授業への転換―」長崎大学教育学部附属教育実践総合センター『教育実践総合センター紀要』第6号，pp. 79-91。
・藤本将人（2010）「小学校社会科の評価技法」原田智仁編著『社会科教育のフロン

18

ティア―生き抜く知恵を育む―』保育出版社，pp. 163-168。
・藤本将人（2018a）「「この力」を鍛える新テスト―「指導の機能」を大切にした問題づくり―」『社会科教育』2018年9月号，pp. 24-25。
・藤本将人（2018b）「社会科評価研究の課題と展望―社会科評価実践の目的・目標論の考察―」全国社会科教育学会第67回大会，於：山梨大学，2018年11月24日，自由研究発表資料（未刊）。
・藤本将人（2021）「授業の工夫改善につながる学習評価のあり方について説明しなさい」國分麻里・川口広美編著『新・教職課程演習　第17巻　中等社会系教育』協同出版，pp. 109-113。
・藤本将人（2022）「真正な評価」棚橋健治・木村博一編著『社会科重要用語事典』明治図書，p. 198。
・宮﨑裕助（2012）「自己免疫的民主主義とは何か―ジャック・デリダにおける「来るべきデモクラシー論への帰趨―」『思想』1060，pp. 45-68。
・文部科学省・国立教育政策研究所教育課程研究センター（2019）『学習評価の在り方ハンドブック（高等学校編）』
（https://www.nier.go.jp/kaihatsu/pdf/gakushuhyouka_R010613-02.pdf，2023年4月1日確認）
・Allan A., Glatthorn., Don Bragaw., Karen Dawkins., and John Parker. (1998). *Performance Assessment and Standards-Based Curricula: THE ACHIEVEMENT CYCLE*, Eye On Education.
・Barbara Miller and Laurel Singleton. (1997). *Preparing Citizens: Linking Authentic Assessment and Instruction in Civic/Law-Related Education*, Social Science Education Consortium.

社会科における E. W. アイスナーの評価論
―アイスナーによる芸術を活用した社会科の構想を手がかりに―

Ⅰ．はじめに：アメリカ社会科学習評価研究の系譜と空白地帯

　アメリカの教育評価研究の動向は，日本の教育評価研究，政策，実践の動向に多大な影響を及ぼし続けている。アメリカの教育評価研究史は，おおよそ，次のように展開している。まず，ソーンダイク（Thorndike, E. L.）の標準化測定尺度とアチーブメント・テストの開発研究に代表される，20世紀初頭にアメリカで起こり，特に1910～30年代に隆盛を誇っていた「教育測定運動」の時期がある（田中，2022, pp. 5-23）。こうした個別事象の測定（measurement）から明確に教育評価（evaluation）へと転換するのは，タイラー（Tyler, R. W.）による一連の研究を契機とする。具体的には，「行動目標論」の提唱（田中，2022, pp. 26-27）や，進歩主義教育協会による「８年研究」の評価委員会の主導，そして，後年の「８年研究」の成果に基づく「タイラー原理」の定式化である（田中，2022, pp. 35-45）。タイラーの弟子であるブルーム（Bloom, B. S.）は，師の問題意識を継承しつつ，「教育目標の分類学（タキソノミー）」を発表し，「行動目標論」を発展させる（田中，2008, pp. 109-112）。さらに，ブルームは，この「教育目標の分類学」と「形成的評価論」に基づきながら，完全習得学習を提唱していくこととなる（田中，2008, pp. 77-86）。一方，こうした「行動目標論」を批判し，「教育的鑑識眼」と「教育的批評」という概念を提唱したのがアイスナー（Eisner, E. W.）である（田中，2022, pp. 178-184；桂，2020, pp. 150-153）。その後，1980年代の「標準テスト」批判を背景として，学力評価の文脈で「真正の（authentic）」という概念がニューマン（Newman, F. M.）によって，さらに，「真正の評価」という概念がウィ

ギンズ（Wiggins, G.）によって使われ始める（田中，2022，p.127）。真正の評価の代表的なものとして，ウィギンズらの「逆向き設計論」がある（田中，2022，p.135）。

　このようなアメリカ教育評価研究に対して，社会科教育学の分野においては，棚橋健治によって，「教育測定運動」の時期から1980年代までの学習評価史が描かれている。具体的には，次のとおりである。「教育測定運動」の時期については，1910-30年代のアメリカにおける社会科の学習成果測定論（平田他，1986）と本質主義社会科の評価論が検討されている（棚橋，1987）。「8年研究」の時期に関しては，8年研究の一般的意義を前提として，そこにみられる進歩主義社会科評価論の検討が行われている（棚橋，1989）。「教育目標の分類学」の影響を受けた時期（「新社会科」の時期）においては，「中等ホルト社会科評価プログラム」（棚橋，1992），「タバ社会科評価プログラム」（棚橋，1998），「MACOS 評価プログラム」（棚橋，1997）が検討されている[1]。さらに，その時期から「真正の評価」が提唱されるまでの過渡期にあたる時期に関しては，「ハーバード社会科」における社会的論争問題分析テストの検討が行われている（棚橋，1993）[2]。

　棚橋が対象としたのはこの時期までであり，それ以降の「真正の評価」の時期については，「ミシガン州の評価プロジェクト」の検討（藤本，2004）や，ニューマンの"The Assessment of Discourse in Social Studies"の翻訳も行われている（ニューマン，2021）。

　以上のように，アメリカ教育評価研究と並行して，アメリカ社会科学習評価研究も成果を蓄積してきている。しかし，アイスナーの評価論は，タイラーやブルームの「行動目標論」を批判するという，教育評価研究においてかなり重要なトピックであるにもかかわらず，社会科の文脈で検討がなされていない。それは，アイスナーが美術教育を専門としており，事例も芸術に関わるものとなることも無縁ではないだろう。しかし，社会科教育学との関係が皆無かと言われれば，そうではない。1991年にシェーバー（Shaver, J. P.）

が編集した *Handbook of research on social studies teaching and learning* において，アイスナーは，芸術と社会科の統合を検討している論考を執筆している。これは，アイスナーが社会科の指導と評価に言及している数少ない事例である。そこで，本稿では，アイスナーが社会科とその評価を検討している上記の論考を手がかりに，社会科におけるアイスナーの評価論を考究することとしたい。

　その前に，続くⅡでは，アイスナーの評価論を概観しておく。具体的には，上記の「行動目標論」をめぐる論争，そして，アイスナーの代表的な評価論である「教育的鑑識眼」と「教育批評」の概念の整理を行う。それを踏まえて，Ⅲにおいて，社会科におけるアイスナーの評価論を考察する。なお，上記の論考は，後述するような表現活動から創造される表現的成果については論じられているが，教育的鑑識眼や教育批評に関する直接の言及や具体の提示はなされていない。したがって，それらについては，稿を改めて検討することを予め断っておく。

Ⅱ．アイスナーの評価論⁽³⁾

1．アイスナーによる「行動目標論」批判

　アイスナーの著名な仕事の一つに，タイラーとブルームの系譜の「行動目標論」に対する批判が挙げられる。まずは，タイラーとブルームの「行動目標論」について見ておこう。

（1）タイラーとブルームによる「行動目標論」

　タイラーは，「教育評価」概念を提唱したことで知られる。タイラー以前のアメリカ教育評価研究は，アチーブメント・テストなどによって教育の効果を数量化し客観的に把握することを目指す教育測定運動が盛んであり，その目標は知識内容を細分化し，それを羅列したものであった。タイラーはそ

うした「教育測定」の状況を批判し,「教育目標が,カリキュラムや学習指導のプログラムによって,実際にどの程度実現されているのかを判定するプロセス」としての「教育評価」へと転換を図る（タイラー,1978,p.137）。そして,目標の内容的側面のみならず,「目標の行動的側面」にも着目し,それらを二次元マトリックスで対応させ,教育目標を叙述する形式で目標を明確化する「行動目標論」を提案する。タイラーは,目標の行動的側面の事例として,「重要な事実や原理の理解」「信頼できる情報源への精通」「データを解釈する能力」「原理を適用する能力」「研究し,研究結果を報告する能力」「幅広い成熟した興味」「社会的態度」を挙げている（タイラー,1978,p.61）。

　ブルームもタイラーと同様に,教育目標を内容的側面と行動的側面の二次元マトリックスで規定しようとする点で共通している。タイラーの研究を継承したブルームは,教育目標,特にその行動的側面を分類し明確に叙述するための「共通の準拠枠」として,「教育目標の分類学」を開発する。ブルームは,教育目標の行動的側面を「認知領域」「情意領域」「精神運動的領域」[4]の3領域に分け,さらに,各領域に属する目標についても分類している。「認知領域」については,「知識」「理解」「応用」「分析」「総合」「評価」に分けられ,「複雑性」の原理によってそれらが配列されている（ブルーム,1973,pp.429-433）。また,「情意領域」については,「受け入れ（注意すること）」「反応」「価値づけ」「組織化」「価値あるいは価値複合体による個性化」に分けられ,「内面化」の原理によってそれらの配列が行われている（ブルーム,1973,pp.433-441）。このように,領域内で分類された目標間の関係は,累積的で階層的な構造をもったものとなっている。

（2）アイスナーによる「行動目標論」批判

　次に,アイスナーによる「行動目標論」批判について見ていこう[5]。アイスナーは,ボビット（Bobbitt, J. F.）からブルームまでの教育目標の策定方

法の特定と処方箋の提示を目指す一連の研究をレビューし，有能な人々が多大な時間と労力をかけてきたにもかかわらず，教育目標が教師にとって有用なものと捉えられていないことに着目する。そして，それは，教師ではなく理論，すなわち，到達点である「行動目標論」の問題であると仮定し，そこに批判の目を向け，次の 4 つの限界を指摘する。

　1 点目は，教育目標は指導の成果をかなりの精度で予測することが可能であると仮定しているが，動的で複雑な指導の過程では，教育の成果は，事前に内容と行動で特定するよりもはるかに多く，複雑なものであるため，ほんの一部しか予測できないというものである。

　2 点目は，指導後に子どもが行うべき特定の操作や行動を非常に正確に特定することが可能な教科とそうでない教科があること，もしくは可能であっても望ましくない教科があることを考慮していないということである。

　3 点目は，教育目標を教育成果の測定の基準（standard）として捉えるカリキュラム論は，測定不可能な達成様式を見落とすということである。また，アイスナーは，カリキュラムと指導の成果を測る規準（criteria）として，行動と内容で示された目標が使えるという考え方についても問題視している。

　4 点目は，カリキュラム構築に際して，教育目標がコンテンツの選択と構成に必ずしも先行する必要はなく，様々な構築の過程を許容する必要があるということである。

　1 点目の指摘にもあるように，アイスナーは，事前に目標を行動と内容で特定化することの困難性を指摘している。さらに，目的は活動の前を行く必要はなく，それは活動の中で定式化されるとも論じている（Eisner, 1994, p. 104）。そこで，アイスナーが重点を置いたのが，表現活動の設計である。アイスナーは，表現活動の特徴に関して，生産的活動の多くは探検や遊びの形をとり，そうした活動では，課題は事前につくられた目標に到達することではなく，むしろ，奔放さや驚きや好奇心をもって活動することであると考えている（Eisner, 1994, p. 100）。そして，このような表現活動から創造される

表現的成果を質的に解釈し判断する授業研究や教育評価の方法論として，アイスナーは，「教育的鑑識眼」と「教育批評」を提唱する。

２．アイスナーの教育評価論：「教育的鑑識眼」と「教育批評」[6]

「教育的鑑識眼」と「教育批評」における「鑑識眼」や「批評」は，もともと，文学，演劇，映画，音楽といった芸術分野で使用されてきた用語で，一言で言えば，前者は「鑑賞の技術（the art of appreciation）」，後者は「開示の技術（the art of disclosing）」，のことを指す。芸術分野において，「鑑識眼」を通して「批評」を行うのが批評家である。アイスナーは，批評家の仕事に関して，芸術作品を構成する本質的に不可解な性質を言語に置き換え，語ることで，（批評家の鑑識眼を欠いた）他者が作品をより包括的に，より深く知覚できるようにすること，すなわち，「知覚の助産師のような役割」であると考えている。そして，デューイも同様に，「見ることを妨げているベールをはがす」（Dewey, 1934, p. 324）ことと表現している。このような批評家の仕事の特性は，芸術のみならず教育の批評に際しても適合することができるであろうことは，想像に難くない。アイスナーは，教育的な事柄（子どもや授業など）に向けられた「鑑識眼」と「批評」，すなわち，芸術分野の批評家の仕事を手本とした教育的探求をそれぞれ「教育的鑑識眼」と「教育批評」としている。

この「教育的鑑識眼」と「教育批評」の関係は，私的に特定の対象の質を認識し評価することまでが「鑑識眼」，その特質について公に判断したり公的に説明したりすることが「批評」である。ただし，アイスナーは，芸術の世界でも，教育の世界でも，効果的な批評は，知覚の力から独立した行為ではないと主張しているように，それらを不可分なものとして考えている。このように，アイスナーが不可分のものとして考えている理由は，「鑑識眼」（見る力），すなわち，微妙なもの，複雑なもの，重要なものを知覚する力がなければ，批評が表面的なもの，あるいは空虚なものになることが危惧され

るためである。以上のように，「教育的鑑識眼」は，「教育批評」に素材を与える認識の基本的な核を提供するものであることがわかる。

　このような「教育的鑑識眼」を磨き，発展させるためには，アイスナーは次のようなことが必要であるとする。それは，教育生活の出来事について，集中し，敏感に，且つ意識的に注意を払う機会を持つこと，それらの出来事を比較し見たものを議論して認識を洗練しながら，それまで知覚されていなかった出来事を特定し，見たものを統合して評価する機会を得ることである。その具体的な活動として，アイスナーは，教室を直接観察し，そして，教室の様子を撮影したビデオを他者と共同で注意深く視聴することを挙げている。このように，共同で教室のビデオ映像を見ることで，説明や議論の基礎が提供され，時間の経過とともに説明の言葉は機械的でなくなり，より鋭いものになっていき，さらに，起こっていることの本質に迫ろうとして文学的，詩的な表現へと変化していくという。また，アイスナーは，教育的事象の観察において本質や意義について語るためには，教室生活の新たな質に対する感受性とともに，重要なものと些末なものを区別し，見たものを理解しやすい文脈に置くことを可能にする一連の観念，理論やモデルの必要性も指摘している。

　次に，「教育批評」について，具体的に見ていこう[7]。アイスナーは，「教育批評」について，「記述的側面（descriptive aspect）」「解釈的側面（interpretive aspect）」「評価的側面（evaluative aspect）」「主題的側面（thematics aspect）」の4つの側面（次元）から構成されると考えている。ただし，教育批評のこれらの側面の間には，明確な線引きがあるというわけではなく，焦点と強調点に違いがあるという。

　1つ目の「記述的側面」は，教育生活に関連する状況において知覚された特質を特定し，特徴づけ，鮮明に描写する，または言語化する試みである。アイスナーは，この「記述的側面」が批評家の言葉のマジックが最も鋭く，最も芸術的な要求をするとしている。ここで言う「記述」とは，ある状況に

存在するものすべてについて書くことではなく，むしろ，批評家自身が括弧で括ったものや注意を払っているものを書くこと，言い換えれば，批評家が知覚を括り，それを表現媒体で鋭く翻案することを指す。アイスナーは，批評的な記述のための重要な知覚の対象として，状況や対象を特徴づける性質の「浸透する質」と，ある全体における特定の性質の「構成要素としての質」を挙げている。このように，批評家が，出来事を芸術的に再構成することによって，批評作品の受け手は，批評家がつくりだしたものを部分的に見ることができる。その際，アイスナーは，良い記述であれば，直接触れるよりも，むしろ，より鮮明に体験することが可能になると考えている。

　2つ目の「解釈的側面」は，社会科学や歴史から得たアイデア，概念，モデル，理論などを用いて，描かれたものを理解しようとするものである。より具体的には，学校や教室の中で起きている事象について，おもに社会科学における様々な理論的アイデアを参照しながら，解釈，説明し，その結果を予測することが行われる側面であると言える。このように「解釈的側面」で重視されている理論の位置づけについて，アイスナーは，学校で確保された意味に関する一元的で確実な確信を提供するものではなく，それらの出来事に対する代替的な説明を得るために使用できる枠組みであるとする。そうした枠組みによって解釈されることにより，ある行動についてだけ記述する「薄い記述」ではなく，行動と発話がその社会内で置かれている文脈を説明するような「厚い記述」としていくことが可能となるだろう。アイスナーは，このように実践的な知恵に理論的な知識を融合させることについて，複雑な芸術であると考えている。

　3つ目の「評価的側面」は，記述され，解釈された事象や対象の教育的な重要性や意義を評価することを試みるものである。アイスナーは，そもそも，教育批評の目的について教育の過程を改善することと考えており，そのためには，そのプロセスにおいて何が重要であるかという観念を持つことが不可欠であるとする。さらに，改善に際して，学校教育の過程と結果の価値につ

いての判断に際して，教育的価値観から来る教育的な規準（criteria）を適用する必要性を指摘している。このように，教育が規範的な営みであることがよく現れているのが，この「評価的側面」である。また，「教育批評」の実施にあたり，アイスナーは，自分が選択した価値観について知っておくことは当然であるが，他者がその選択に反対する可能性があることを認識しつつ，価値判断の根拠を示すことが重要であると指摘する。そして，このように，ある出来事に対する複数の教育批評家の価値判断の相違も重要であると考えており，教育実践が本来受けるべきでありながら，今は受けていないような議論を開く可能性を与えるものでもあるとしている。

　4つ目の「主題的側面」は，それまでの材料から導き出される主要なアイデアや結論を抽出し，読者が批評の本質を把握するための要約を提供するものである。それとともに，他の教室や学校，あるいは教育実践に対する認識の指針となる自然主義的な一般化（普遍的な主題）を提供するもの，換言すれば，批評を他の教育状況を理解するための方法として利用することを可能にするものでもある。

　以上を踏まえ，アイスナーの評価に関する考え方の社会科での立ち現れ方，すなわち，社会科におけるアイスナーの評価論を抽出することを試みる。

Ⅲ．社会科におけるアイスナーの評価論

1．「社会科における芸術，音楽，文学」の概要

　本稿の冒頭でも触れた，*Handbook of research on social studies teaching and learning* の中で，アイスナーは，"ART, MUSIC, AND LITERATURE WITHIN SOCIAL STUDIES"（以下，「社会科における芸術，音楽，文学」）という論考を執筆している。まずは，その構成と概要を見ていこう[(8)]。

　冒頭において，アイスナーは，教科の学問的厳密性を高める必要性を主張する分化カリキュラムの立場と教科間のつながりの必要性を主張する統合カ

28

表1　「社会科における芸術，音楽，文学」の構成

（序文） 感覚・言語・芸術の認識機能 表現の認知機能 より寛大な精神に向けて 支障 芸術はどのような意味を伝えるのか？ 社会科の芸術への貢献 芸術と社会科の統合の前例 芸術と社会科学に関係するカリキュラム論 研究の主旨 研究の課題 ※「序文)」については，見出しが付けられていないため，便宜的に命名した。

（Eisner, 1991, pp. 551-558より，筆者作成。）

リキュラムを志向する立場の2つの立場を示す。その上で，社会科と芸術を統合していくための理由が必要であることが指摘する。

　社会科と芸術を統合したカリキュラムをつくるにあたり，アイスナーは，それらを関係づけるための概念として，芸術の一つの象徴的な概念であろう「表現」に着目する。そして，「表現」を検討する中で，表現形式が異なることによって，種類の異なる意味を提供されるということを強調する。例えば，同じ「言語」による表現でも，科学的な文章は高い構文精度を提供する一方，詩や文学は文字どおりの言語では表現できないものを表現することができる。また，ダンス，音楽，絵画，彫刻，建築，演劇，大衆芸術，写真といった表現形式を用いれば，言語では表せない内容を提示することが可能となる。

　こうした多様な表現形式を用いることによる社会科への影響として，アイスナーは，次の2点を挙げている。第一に，子どもの「社会的世界（social world)」の理解（understand）という目的に関わるものである。従来の社会科授業における表現形式として，教科書を中心に，あるいは教科書だけを使って，教師が子どもに情報を伝達するということが少なくない。それでは必然的に子どもの学ぶ内容が大きく制限されることとなる。しかし，多様な表現

形式を用いることが社会的世界の理解を深め，社会科での経験を鮮明にすることを可能とする。アイスナーは，芸術について，感情を生み出し，状況や個人，対象物の「感覚」を刺激し，表現することで，意味を伝え，理解を深めることに貢献しており，これは，すべての芸術のもつ共通の能力であるとする。例えば，歴史家が言語を芸術的に創作することで読者がその時代や状況を感じ取れるようにし，間接的に事件を体験することを可能とする。さらに言えば，アイスナーは，「国家」「無限」「正義」のような抽象的な概念でも，個人がその参照元を想像できる限り，意味を得ることができると考えている。このように，個人の感覚システムを通した経験によって概念は形成されるという立場[9]から考えれば，授業が多様な表現形式を採ることが不可欠であると言えるだろう。一方で，アイスナーは，カリキュラムの内容の選択は，それぞれの様式が提供する知識の種類に基づいてなされるべきという立場の主張も紹介している。

　第二に，教育の公平性や人間の学習に関わるものである。制限された課題や限定された表現形式によって教える内容を制約する社会科授業では，学ぶ機会がその課題や表現形式が得意な人に偏ってしまうが，多様な表現形式によって，学校で学ぶ機会を公平に分配するのにも役立つこととなる[10]。

　このような肯定的な影響がある一方，芸術のもつ多様な表現形式を社会科に導入した場合に起こりうる支障についても，２点，アイスナーは指摘している。１つは，子どもが異なるルートを追求したり，異なる形式で表現された結果を生み出したりする場合，パフォーマンスの共通化を図ることや，評価の際に子ども間を比較することがますます困難となることが予想される点である。もう１つは，教師が社会科のプログラムにおいて，芸術を芸術として活用するには，芸術的な意義を「読む」能力が重要となる点である。

　また，芸術の社会科への貢献があれば，逆も然りで，社会科の芸術への貢献もあり得る。このことについて，アイスナーは，次の２つを挙げている。１つは，子どもが，現象学的に緻密で重層的な形式であるだけでなく，社会

的かつ個別的な産物でもある芸術作品を，社会，歴史，政治，経済の背景に位置づけるのに役立つということである。もう1つは，芸術が創造された人的環境の中に芸術を位置づけることである。

　以上のような，社会科と芸術の統合に関する先行事例として，アイスナーは，進歩主義教育のカリキュラム，アメリカの幼稚園の実践，ブルーナー（Bruner, J. S.）のMACOSを挙げている。また，社会科における芸術，音楽，文学の効果について，慎重な調査と評価によって一連の信頼できる結論を提供したエプスタイン（Epstein, T.）の研究を紹介している。

　最後に，今後の社会科と芸術の統合に向けた研究課題として，アイスナーは，5つの焦点を示している。具体的には，社会科と芸術の統合により表現形式が多くなることから生じる，①知識や表現の多様化，②学習内容（社会的事象）の理論的理解の深化，③学習の転移，④教科の統合（横断），⑤互換性のない成果の評価，に関するものである。

2．アイスナーの構想する芸術を活用した社会科の評価の論理：個性化対応へのアプローチとしての評価

　アイスナーの構想する芸術を活用した社会科の特徴は，子どもたちに様々な表現形式を提供すること，また，子どもたちが学んだことを最も適切な表現形式で発表する機会を与えることを可能にすることにある。そうした特徴を踏まえて，評価から上記カリキュラムを考えてみよう。

　まず，子どもたちに様々な表現形式を提供すること，すなわち，学習過程の評価について考察する。「社会科における芸術，音楽，文学」において，アイスナーは，「理解」という語を多く使用しており，その対象は，社会的世界や社会的事象（social phenomenon）である。このことから，アイスナーは，社会科について，社会的世界や社会的事象を理解する教科と捉えていたことが読み取れる。ここで言う「理解」とは，単に事実を知るということに終始するものではなく，社会的世界や社会的事象に意味づけをすることによって，

概念形成をするということである。アイスナーはこの概念について，本質的にイメージ的なものであると捉えており，個人の感覚システムを通した経験によって概念は形成されるという考えに立つ。その際，教科書のみを使って授業が行われていたとすれば，文章を読むことが苦手な子どもの理解は深まりにくいであろう。多様な表現形式による学習内容を提供することができれば，ダンス，音楽，絵画，写真，演劇，大衆芸術，といった別の表現形式を提示することで，「理解」を深めることができるかもしれない。換言すれば，環境を変えることによって，感覚システムとの相互作用が起きることをねらうわけである。また，異なる表現形式は，異なる種類の意味を提供するため，うまく組み合わせていくことによって，「理解」を深化させる効果も期待できる。つまり，子どもたちが社会科授業の中で様々な表現形式を提供されることによって，教師は，子どもたちの「理解」に際しての適性や傾向を見極めることが可能になるだろう。

　次に，子どもたちが学んだことを最も適切な表現形式で発表する機会を与えること，すなわち，学習成果の評価について考察する。先述のとおり，異なる表現形式は，異なる種類の意味を提供するが，それは，子どもが表現する側に回った際も同様である。子どもたちの学習成果，換言すれば，学習の経験を公的に表現する最も一般的で正確な手段の一つが言語であるが，その言語一つ取っても，とても多様な形態と機能がある。例えば，科学的な説明文は高い構文精度を提供する一方で，詩や文学は文字どおりの言語では表現できないものを表現することができる。また，先述のダンス，音楽，絵画，写真，演劇，大衆芸術，といった表現形式を用いれば，言語では表せない内容を表現することも可能となる。従来の社会科における評価に関わる表現活動では，制限や限定のかかった課題や表現形式によって表現することが求められ，本来持っているはずの能力を発揮できない子どもが出てくることも少なくない。逆に，多様な表現形式で表現する機会により，個々人がもつその子どもならではの感性，能力，性向，興味・関心，さらに，頑張り（ものご

との進展や発達の状況）やもち味（得意不得意や長所短所）といったものが発揮されることが期待できる。そして，教師にもそれを発見する機会が提供されることとなる。つまり，子どもたちが学んだことを最も適切な表現形式で発表する機会を与えることによって，教師は，子どもたちの学習成果はもちろん，表現の適正や傾向を見極めることが可能になるだろう。

　以上のように，アイスナーは，子どもたちには様々な個性があり，自身の強みを発揮する機会があれば，より学習しやすくなるという発想に立ち，多様な表現活動を保障することにより，教育の公平性，すなわち，学校で学ぶ機会を公平に分配しようとしていることがわかる。また，多様な表現活動を学校教育の中で実質化するとともに，それを評価することによって，教師はもちろん，子どもたちも自身の個性を把握し，それを活かした学習への参画，ひいては，社会への参画へとつなげていくための市民育成の論理であるとも言える。したがって，アイスナーの構想する芸術を活用した社会科の評価は，個性化対応へのアプローチとしての評価と位置付けることができるのではないだろうか(11)。

Ⅳ．おわりに：今後の展望

　本稿で考察した社会科におけるアイスナーの評価の論理は，個性の尊重がますます重視されていく現代社会および現代の学校教育において，再注目に値するものであろう。アイスナーの志向していた，教育の公平性を担保することを念頭に置きながら，学習活動および評価活動を設計していくことは，今一度，再確認する必要がある。一方，こうした取組を社会科で行う際，形式主義，活動主義と一蹴されることも少なくないが，そうした指摘に備えて，まずは教師が活動に対して意味を付与していく，哲学的な取組が重要となってくるであろう。

　今後の展望としては，社会科における教育的鑑識眼，教育批評の実際を明らかにしていくことが挙げられる。そうした事例は決して多くないが，その

突破口となりそうなものが,「社会科における芸術，音楽，文学」でも挙げられていたエプスタインの研究である。したがって，次に，このエプスタインの研究に注目することとする。その具体的な考察については，また別の機会に譲りたい。

（岡田了祐）

註
（1）「教育目標の分類学」と「新社会科」の関係について，棚橋は，次のように論じている。「彼らの作成した教育目標のタキソノミーの考え方は，新社会科においても大幅に取り入れられている」（棚橋，2002，p.139）。
（2）「ハーバード社会科」については，後に井上（2002）にも取り上げられている。
（3）アイスナーの教育評価論に関するおもな先行研究として，浅沼・安彦（1985），鶴田（1986），伊藤（1993），岡崎（1996），近藤（2014），佐藤（2018），桂（2020），田中（2022）などが挙げられる。これらの研究の特徴は，アイスナーの科学的アプローチ批判や行動目標論批判とともに，「教育的鑑識眼」と「教育批評」が論じられていることである。また，岡村（2023）では，行動目標論批判に再検討が加えられており，アイスナーが，タイラーやブルームの「教育目標の明確化」とメイジャ（Mager, R. F.）やポファム（Popham, W. J.）の「教育目標の明細化」を腑分けした上で後者を批判したことを明らかにしている。
（4）「精神運動的領域」については，ブルーム自身は提案していない。
（5）アイスナーによる「行動目標論」批判に関する説明については，Eisner（1967）の pp.253-258の要点を整理し，記述した。
（6）「教育的鑑識眼」と「教育批評」の関係および前者に関する説明については，Eisner（1994）の pp.212-219の要点を整理し，記述した。
（7）「教育批評」に関する説明については，Eisner（1994）の pp.225-234の要点を整理し，記述した。
（8）「社会科における芸術，音楽，文学」の概要の説明については，Eisner（1991）の pp.551-558の要点を整理し，記述した。
（9）概念形成について，アイスナーは，次のように論じている。「個人は，さまざまな質的様相を示す環境と相互に交わる。こうした相互関係の中で，自己の性格や目的や学習体験を基盤にして，環境のさまざまな局面が解釈され，概念が形成される

のである。こうした概念は，感覚システムを通した経験によって形成され，引き続いて，議論を通して命名される（われわれの経験のほとんどは言語的分類によって特徴づけられはしないが）」（アイスナー，1990，pp. 62-63）。

(10) こうした発想は，多重知能の理論（Theory of multiple intelligences; MI）を提唱したことで著名なガードナー（Gardner, H.）の研究を踏まえて論じられている。具体的にここで挙げられている論考は，Gardner（1983）である。

(11)「個性化対応へのアプローチとしての評価論」は，アイスナー（1990）の副題を踏まえて命名した。なお，「個性化対応へのアプローチ」という文言は，訳者らによって考案されたものであり，その原著である Eisner（1982）において用いられているわけではない。

参考文献

浅沼茂・安彦忠彦（1985）「第六章 教育評価研究とカリキュラム」安彦忠彦編『カリキュラム研究入門』，勁草書房，pp. 153-186。

ブルーム, B. S., ヘスティングス, J. T. & マドゥス, G. F. 著，梶田叡一・渋谷憲一・藤田恵璽訳（1973）『教育評価法ハンドブック―教科学習の形成的評価と総括的評価―』第一法規。

Dewey, J. (1934). Art as experience. New York: Minton, Balch.

Eisner, E. W. (1967). "Educational Objectives: Help or Hindrance?" In *The School Review*, 75(3), pp. 250-260.

Eisner, E. W. (1982). Cognition and Curriculum: A Basis for Deciding What to Teach. New York: Longman.

（アイスナー, E. W. 著，仲瀬律久監訳，岡崎昭夫・長町充家・福本謹一訳（1990）『教育課程と教育評価―個性化対応へのアプローチ―』建帛社。）

Eisner, E. W. (1991). "ART, MUSIC, AND LITERATURE WITHIN SOCIAL STUDIES" In Shaver, J.P. (Ed.), Handbook of research on social studies teaching and learning (pp. 551-558). New York: Macmillan Library Reference.

Eisner, E. W. (1994). *The educational imagination: on the design and evaluation of school programs (3rd Ed.)*. New York: Macmillan.

藤本将人（2004）「市民性教育におけるオーセンティック（Authentic）概念の特質―ミシガン州社会科評価プロジェクトの場合―」『社会科研究』61，pp. 21-30。

Gardner, H. (1983). *Frames of mind: the theory of multiple intelligences*. New York: Basic Books.

平田嘉三・棚橋健治（1986）「1910-30年代におけるアメリカ社会科の新しい展開―科学的決定論の導入による学習成果測定―」『広島大学教育学部紀要．第二部』34，pp. 101-111。

井上奈穂（2002）「目標達成度を明確化した態度評価法―ハーバード社会科の社会的論争問題分析テストSIATを題材に―」『社会科研究』57，pp. 51-60。

伊藤安浩（1994）「授業研究における批評の意義―E. W. アイズナーの"教育批評"論をもとに―」『東京大学教育学部紀要』33，pp. 201-209。

桂直美（2020）『芸術に根ざす授業構成論―デューイの芸術哲学に基づく理論と実践―』東信堂。

近藤茂明（2014）「E. アイズナーの「教育批評」における「信頼性」」『名古屋大学大学院教育発達科学研究科紀要（教育科学）』61(1)，pp. 35-45。

ニューマン，F. M.（2021）「社会科における言説の評価」バーラック，H.，ニューマン，F. M.，アダムス，E.，アーチバルド，D. A.，バージェス，T.，レイヴン，J. & ロンバーグ，T. A. 著，渡部竜也・南浦涼介・岡田了祐・後藤賢次郎・堀田諭・星瑞希訳（2021）『真正の評価―テストと教育評価の新しい科学に向けて―』春風社，pp. 69-90。

西岡加名恵・石井英真・田中耕治編（2015）『新しい教育評価入門―人を育てる評価のために―』有斐閣コンパクト。

岡村亮佑（2023）「E. W. アイズナーの教育目標論の再検討」『京都大学大学院教育学研究科紀要』69，pp. 109-122。

岡崎昭夫（1996）『現代アメリカにおける美術教育のカリキュラム　開発に関する研究―ケタリング・プロジェクトとCEMRELの美的教育プログラム』，筑波大学芸術学研究科博士論文。

佐藤絵里子（2018）「1960～70年代におけるエリオット・W・アイスナーの教育評価論の展開に関する一考察」『美術教育学研究』50，pp. 185-192。

棚橋健治（1986）「本質主義社会科における評価論―アメリカ歴史学会とW. C. バグリの場合を中心として―」『史学研究』174，pp. 44-66。

棚橋健治（1989）「アメリカ進歩主義社会科評価論―「八年研究」における社会的感受性の評価―」『社会科教育の理論』ぎょうせい，pp. 283-294。

棚橋健治（1992）「社会科における思考の評価―アメリカ新社会科における探求テストを手がかりにして―」『社会科研究』40，pp. 173-182。

棚橋健治（1993）「ハーバード社会科・社会的論争問題分析テストの学習評価論―問題場面テストによる社会科学習評価への示唆―」『社会科教育研究』69，pp. 45-

55。

棚橋健治（1997）「科学的社会認識形成における情意的領域の評価ストラテジー―MACOS 評価プログラムを手がかりとして―」『社会科研究』47，pp. 11-20。

棚橋健治（1998）「社会科における概念的知識体系形成の学習評価―タバ社会科の場合―」『教育目標・評価学会紀要』8，pp. 49-57。

棚橋健治（2002）『アメリカ社会科学習評価研究の史的展開―学習評価にみる社会科の理念実現過程―』風間書房。

田中耕治（2008）『教育評価』岩波書店。

田中耕治（2022）『「教育評価」の基礎的研究―「シカゴ学派」に学ぶ―』ミネルヴァ書房。

鶴田清司（1986）「E. W. Eisner の教育評価論の検討」『教育方法史研究』3，pp. 117-139。

タイラー，R. W. 著，金子孫市監訳（1978）『現代カリキュラム研究の基礎―教育課程編成のための―』日本教育経営協会。

幼児教育における市民性育成カリキュラムの編成原理とアセスメントの実際
—ニュージーランド保育指針『テ・ファーリキ』を手がかりに—

1. 問題の所在

　本稿の目的は，21世紀市民の育成を目標に掲げるニュージーランド保育指針『テ・ファーリキ』（The Ministry of Education, New Zealand, 2017）の編成原理とアセスメントの実際を分析することを通して，市民性育成のスタート期となる幼児教育における市民性育成の論理を明らかにすることにある。

　幼児期からの市民性育成の在り方[1] を考える際，以下の三つの課題がある。

　①市民性の準備か実践か

　幼児期における市民性育成は，幼児が市民に成長していくための“準備教育”なのか。それとも幼児を市民として捉え，幼児が市民的活動を実際に行う“実践教育”なのか。

　②総合的な市民性育成の原理

　幼児教育における市民性育成は，認知能力と非認知能力が相互に絡み合う全人的な教育課題である。このような総合的な市民性育成に対して，どのような方法原理と内容編成が必要となるか。

　③偶発的な市民性発達の評価

　幼児期の市民性は保育者が事前に練り上げた計画的な指導だけではなく，生活や遊びの中で偶発的に発達していく要素も存在する。そのような保育者の事前の想定を超える子どもの市民性発達を事後的にみとるアセスメント方法はいかにあるべきか。

このような問題に対して保育先進国として知られるニュージーランドの保育指針『テ・ファーリキ』は示唆に富む。『テ・ファーリキ』は，子どもを21世紀市民として明確に位置づけている。そして，四つの方法原理と五つの内容領域によって，総合的な市民性育成を展開する。さらに子どもの学習成果を事後的にみとるラーニング・ストーリー（学びの物語）というアセスメント方法を確立している。

そこで本稿では，ニュージーランド保育指針『テ・ファーリキ』における市民性育成の原理と，筆者らが同国の現地保育施設調査（大橋ほか，2018）を行った際，調査協力幼稚園より提示された市民性育成のためのラーニング・ストーリー「洪水」を分析し，上記の三つの問題に応えていく。

2．ニュージーランド保育指針『テ・ファーリキ』における市民性育成の原理

⑴『テ・ファーリキ』の独自性

ニュージーランドは世界に先駆け1986年に保育所と幼稚園の管轄を教育省に統一化した。さらに同国教育省は，従来の保育所や幼稚園だけでなく先住民のマオリ族向けの幼児教育施設コーハンガ・レオや病院内保育所などあらゆる保育施設で使用可能なナショナル・カリキュラム『テ・ファーリキ』を1996年に策定した。『テ・ファーリキ』は，同国のマジョリティーである欧州系の代表者とともにマイノリティーである先住民マオリ族の代表者が作成をリードした[2]。その結果，欧州系の教育理論・発達理論だけでなく，マオリ伝統の教育思想を積極的に導入し，四つの方法原理と五つの内容領域を織り込んでいくファーリキ（織物）としてのカリキュラム編成原理を打ち立てた（飯野，2014）。このような独自性は，OECD によって高く評価され，2004年には先進的な乳幼児教育カリキュラム五つの一つに選出されている（OECD，2004）。2017年には四つの方法原理と五つの内容領域をそのままに，保育現場での活用や学校教育の連携を重視した改訂を実施した。

(2)目標－21世紀の市民育成－

『テ・ファーリキ』のカリキュラム・ビジョンは以下の通りである。

> 子どもは，有能で自信に満ちた学び手であり，コミュニケーションの担い手。心身，精神ともに健全で，確固たる帰属感と社会に価値ある貢献ができるという自覚を持っている。

(The Ministry of Education, New Zealand, 2017, p. 6)

このように『テ・ファーリキ』は，子どもを無限の可能性を有する有能な学習者と捉える。そして本ビジョンでは，子どもを，社会に帰属感を有し価値ある貢献ができる市民と位置づけている。

> 急速に変化すると同時にますます繋がりが強化される世界のグローバル市民として，子どもには適応力，創造力，レジリエンスが必要とされる。

(The Ministry of Education, New Zealand, 2017, p. 7)

子どもは，変化の早い21世紀を生きるグローバル市民であり，社会のシステムを認知しそれに適応する力や，社会を形成する創造力，さらにそれを継続していくレジリエンスといった非認知能力も含め市民性を総合的に育成される。

(3)方法原理－四つの原理－

『テ・ファーリキ』は，子どもを21世紀の市民として育成するために保育者が適用する四つの方法原理を表1のように示している。ここでは，市民性育成を視点に各方法原理の特徴を考察する。

原理1「エンパワーメント」は，最も総論的な原理である。原理1「エンパワーメント」は，すべての子どもに市民としての自己効力感を，あらゆる活動によって育成するための原理である。本原理には「マナ」の増進が謳われている。「マナ」はマオリ族のキー概念であり魂，権力，権威，主体性な

表1　ニュージーランド保育指針『テ・ファーリキ』における四つの方法原理

原理1 エンパワーメント	原理2 全人的発達	原理3 家族とコミュニティー	原理4 関係性
乳幼児カリキュラムは，学び，成長するためのエンパワーメントを子ども自身にもたらす。	乳幼児カリキュラムは，子どもたちがホリスティックに学び，成長する過程を反映している。	家族とコミュニティーで構成される広い世界は，乳幼児カリキュラムの不可欠な要素である。	子どもは，人，場所，モノとの応答的な互恵関係を通じて学ぶ。
・マナを増進 ・可能性を最大限発揮 ・公平な機会	・認知的 ・身体的 ・感情的 ・スピリチュアル ・社会的 ・文化的	・保育者 ・保護者 ・子育て応援隊 ・コミュニティー	・人，場所，モノ ・過去，現在，未来 ・先祖，家系，部族 ・山，川，海，土地

The Ministry of Education, New Zealand, *Te Whāriki: He whāriki matauranga mo nga mokopuna o Aotearoa: Early childhood curriculum*, New Zealand Government, 2017, pp. 18-21 及び大橋節子・中原朋生・内田伸子・上田敏丈［監訳・編著］，神代典子［訳］『テ・ファーリキ（完全翻訳・解説）：子どもが輝く保育・教育のひみつを探る』建帛社，2021, pp. 29-32を参照し筆者作成。

ど，個人と社会が有する心的なまた実行的なパワーを総称する言葉である。ニュージーランド保育では，全ての活動がマナの増進に寄与することがねらわれている。

　原理2「全人的発達」，原理3「家族とコミュニティー」，原理4「関係性」は，原理1を実行していくための方法原理に位置づく。

　原理2「全人的発達」は，子どもの社会的，文化的な認知能力と，身体的，感情的，スピリチャルな非認知能力を総合的に育成していくための原理である。

　原理3「家族とコミュニティー」は，保育施設と社会の垣根を取払い，家族，コミュニティー，保育者，子ども，保育施設の相互作用と互恵関係の中で市民性を育成する原理である。

　原理4「関係性」は，保育者が子どもと人，場所，モノ，時間（歴史）と

の関係性を常に繋ぐ役割を担う原理である。

　以上の四つの原理は，原理1「エンパワーメント」が市民性育成の究極の
目標を提示し，原理2「全人的発達」が市民性育成における総合的な成長領
域を示している。さらに原理3「家族とコミュニティー」と原理4「関係
性」は，子どもが市民性を発揮していく人的環境と物的環境が織りなす場を
活用した育成方法を示している。保育者は日々の保育において，常にこの四
つの方法原理を意識し，保育の計画，実践，アセスメントを行う。

⑷内容領域－五つの要素－

　『テ・ファーリキ』は，子どもが豊かな経験を積んでいくための保育内容
領域を五つの要素（ストランド）として提示している。五つの要素は，子ど
もの経験を計画，実践，アセスメントするための視点であり，子ども，保育
者，保護者が共有する。表2に『テ・ファーリキ』における五つの要素の概
要を示した。ここでは，市民性育成を視点に各要素の特徴を考察する。

　「ウェルビーイング」は子どもが心身の健康を増進していく保育の基礎と
なる要素である。さらに公共空間における安全を保つための社会福祉的な要
素も含まれる。就学後の保健体育や社会科学に連結する要素である。

　「帰属感」と「貢献」は，市民性育成に直結する要素であり，就学後の社
会科学・公民教育に連結する要素である。「帰属感」は子どもが市民性を発
揮していく家庭，保育施設，コミュニティーといった場に，各々の子どもが
個性に合わせた居場所を創っていく要素である。「帰属感」は市民性育成の
中心的な要素であり，子どもが市民的活動を展開する場を構築していくこと
を保育者が支援していく。「貢献」は子どもが「帰属感」において構築した
場において，お互いを尊重しつつ，その場をより良くしていくために主体的
な活動を展開する要素である。

　「コミュニケーション」と「探究」は，子どもの表現活動と思考活動に関
する要素である。「コミュニケーション」には言葉，物語，身体表現，造形

表2　ニュージーランド保育指針『テ・ファーリキ』における五つの要素

要素	目標	学びの成果	分析
ウェルビーイング（マナ・アトゥア）	・健康が増進される。	・自分の健康を維持し，身の回りのことができるようになる。	保健体育
	・心の健康が育てられる。	・自分を管理し，自分の気持ちやニーズを表現する。	保健体育
	・子どもが危害から守られる。	・自分や他者を危険から守る。	社会科学
帰属感（マナ・フェヌア）	・家族と家族以外の世界とのつながりが肯定され，拡大される。	・自分の世界の人，場所，モノを関連付けることができる。	社会科学
	・自分の居場所があると確信できる。	・自分達が生活する場所を大切にし，その手入れなどに参加する。	公民教育
	・日課，習慣，定期的な行事などについて親しんでいる。	・園における物事の進め方を理解し，変化に適応する。	公民教育
	・容認可能な行動の限度や限界を理解できる。	・カウパパ（マオリのことば，習慣，知識，道理，イデオロギー，課題），ルール，他者の権利に敬意を示す。	社会科学
貢献（マナ・タンガタ）	・ジェンダー，能力，年齢，民族，生い立ちに関わらず，公平な学びの機会がある。	・周りの友だちや大人と公平に接し，遊びの仲間に入れる。	公民教育
	・一個人として認められる。	・自分の学ぶ能力を認識し，大切に思う。	公民教育
	・子どもたちは，周りの友だちや大人と連携協働しながら学ぶことを奨励される。	・様々な戦略やスキルを用いて，周りの友だちや大人と共に遊び，学ぶ。	公民教育
コミュニケーション（マナ・レオ）	・様々な目的のためのノンバーバル・コミュニケーション・スキルが発達する。	・ジェスチャーや動作で自分を表現する。	身体表現

	・様々な目的のためのバーバル・コミュニケーション・スキルが発達する。	・話しことばを理解し，様々な目的のためにことばを使う（発話行為を行う）。	言語表現
	・自分の文化や他の文化の物語や象徴，記号などに触れることができる。	・物語を聞くことを楽しみ，聞いた物語の再話や物語の作成も楽しむ。	物語表現
	・自分の文化や他の文化の物語や象徴，記号などに触れることができる。	・印刷された記号や概念を認識し，意味と目的意識を持って，楽しみながらそれらを使う。	記号表現
	・様々な創造や表現の手段を発見する。	・数学記号や概念を認識し，意味と目的意識を持って，楽しみながらそれらを使う。	数的表現
		・あらゆる素材や手段を使って，気持ちやアイディアを表現する。	造形表現
探究（マナ・アオトゥーロア）	・遊びは意味ある学びとして大切にされ，自発的な遊びの重要性が認識されている。	・遊び，想像，発明，実験。	自然科学
	・子どもたちは，自分の身体に自信を持ち，コントロールできるようになる。	・自信を持って身体を動かし，身体的なチャレンジを自分に課す。	保健体育
	・子どもたちは，積極的な探究，思考，推論のための戦略を学ぶ。	・推論や問題解決のためにあらゆる戦略を使う。	科学的思考
	・子どもたちは，自然界や社会，物理的世界や物質的世界を理解をするための作業理論を構築する。	・作業理論を構築し，磨きをかけることで，自分が住む世界を有意味化する。	科学的思考

The Ministry of Education, New Zealand, *Te Whāriki: He whāriki matauranga mo nga mokopuna o Aotearoa : Early childhood curriculum*, New Zealand Government, 2017, pp. 24-25 及び大橋節子・中原朋生・内田伸子・上田敏丈［監訳・編著］，神代典子［訳］『テ・ファーリキ（完全翻訳・解説）：子どもが輝く保育・教育のひみつを探る』建帛社，2021, pp. 35-37を参照し筆者作成。なお，表中の**ゴシック体**の部分は筆者による分析を記入。

表現など言語と非言語のあらゆる表現活動が含まれる。さらに他者が行った文字，記号，絵画といった表現活動に触れながら，自分自身の表現に取り入れる活動も行う。就学後の英語，芸術などに連結する要素である。「探究」は子どもに科学的思考を促す要素であり，主に自然事象に対する仮説，推論，問題解決などを行う。就学後の自然科学に連結する要素である。

　『テ・ファーリキ』は五つの要素と前節で考察した四つの方法原理を織り込みつつ，保育の計画，実践，評価を展開する。

(5)アセスメント―「ラーニング・ストーリー」

　『テ・ファーリキ』は，子どもの計画的また偶発的な市民性発達をみとるアセスメント方法として「ラーニング・ストーリー（以下，LSと表記する）」と呼ばれる形成的評価法を開発[3]している。

　ニュージーランド保育では，遊ぶ場所，内容，仲間を子どもが主体的に選択する自由保育が基本である。このような選択と意思決定を繰り返すこと自体が市民性育成の基礎となっている。さらに子どもに徹底した選択の自由を与えつつ，帰属感や貢献といった要素によって社会形成をも促すのがニュージーランド保育の特徴である。したがって，保育施設における子どもの活動は，同じクラスであっても多様であり，各々の子どもの発達をみとる個別のアセスメントが必要となる。

　このような個別のアセスメントを可能とする手法がLSである。LSは，子どもが熱中している遊びや活動の写真，子どもが創作した作品，活動の時系列的文字記録などを保育者がポートフォリオにまとめ，成長を記録していく。その際，上述した五つの要素を視点に子どもの発達のプロセスをアセスメントしていく。ニュージーランドの保育者は，すべての子どもに個別のLSを作成し，学びの物語として記録しつつ，子ども自身，保護者と共有し協働編集を行う。個別のLSは，入園から卒園に渡り時系列で作成され，子どもの個人保育要録としての役割を果たす。就学時には小学校の先生がそれ

を確認し，児童理解と教育計画の作成に活用する。

　ニュージーランドの保育者は，日常的に子どもの発達をみとる写真，メモ，作品の確認といったアセスメントを行う。それらを1週間に1回程度，公式な書類となるLSにまとめる。LSはA4用紙1枚程度で子どもの1週間を象徴する遊び，活動，作品などの写真と，子どもの活動の文字記録，子どもが発した言葉，保護者による家庭での子どもの様子に関するコメントなどで構成される。

　さらに園全体やグループで行った大単元的な学習活動には，活動別のLSも作成し，一定期間，保育施設の壁にディスプレーし，子ども，保育者，保護者，地域に学びの可視化と共有化を図る。活動別のLSは，各々の子ども向けに作成したLSの中で共通する活動を選択し，事後的にアセスメントしてまとめていく。本稿ではグループLSを後に分析する。

　このようなLS作成の際に，子どもの活動のアセスメントの視点になるのが前節で考察した五つの要素である。

⑹『テ・ファーリキ』の市民性育成の原理

　これまでの考察では，『テ・ファーリキ』における「四つの方法原理」，「五つの要素」，「ラーニング・ストーリー」を市民性育成の視点から原理的に論じてきた。ここでは小括として，本稿冒頭の「問題の所在」において示した三つの課題に対して，『テ・ファーリキ』が原理的にどのように応えているか，まとめてみる。

　①市民性の準備か実践か

　『テ・ファーリキ』は，幼児も大人と同様に市民社会を形成し，変化の激しい21世紀の社会状況の中で，それぞれが価値あるエンパワーメントを発揮する存在であると捉えている。したがって，幼児期における市民性育成は，幼児が市民に成長していくための"準備教育"ではなく，幼児が市民的活動を実際に行う"実践教育"となる。

②総合的な市民性育成の原理

　幼児期における市民性育成は認知能力と非認知能力が相互に絡み合う全人的な教育課題である。このような総合的な市民性育成に対して、『テ・ファーリキ』は、四つの方法原理（「エンパワーメント」「全人的発達」「家族とコミュニティー」「関係性」）と五つの要素（「ウェルビーイング」「帰属感」「貢献」「コミュニケーション」「探究」）を織り交ぜた市民的活動を展開する。

③偶発的な市民性発達の評価

　『テ・ファーリキ』では、保育者の事前の想定を超える子どもの市民性発達を事後的にみとるアセスメント方法として、ラーニング・ストーリーと呼ばれる方法を提示し、学びの可視化と共有化を図っている。

　これらの原理に基づく市民性育成は実際にどのように展開するのだろうか。

3．ニュージーランド幼稚園における市民性育成とアセスメントの実際

　本項では、筆者らがニュージーランド現地において『テ・ファーリキ』の運用状況に関する保育施設調査を行った際に、調査協力園より資料として提示された市民性育成に関するグループ活動 LS「洪水」について考察する。

(1)調査対象A幼稚園の概要と倫理的配慮

　調査対象であるA幼稚園は、フリーキンダーガーデンのライセンスで運営される満2歳児以上の幼児を対象とした定員40名の幼児教育施設である。入園する子どもの民族背景は、2018年の調査時点で約59％が欧州系、約28％がマオリ系、約13％が上記以外の民族である。ニュージーランド教育評価局が定期的に実施する保育評価では、『テ・ファーリキ』に基づく保育実施状況が良好（4段階評価の3以上）の評価を常に獲得している。

　研究調査は、同園の倫理規程に基づき事前に調査内容と公表方法を園側に提示し、保育者、保護者、子どもが調査資料を提示することを同意している

内容のみ園長立会いと説明のもと実施した。そして，調査時の合意に基づき子どものプライバシー，個人情報が秘匿される形式で研究成果を公表することを遵守した。

(2)ラーニング・ストーリー「洪水」

　LS「洪水」は2015年6月にニュージーランドを襲った豪雨による街の洪水と復興に子どもがどのように関わったかについて，2015年7月から9月の3ヶ月間に渡り記録したグループLSである。LS「洪水」の学習活動では，子どもは家族，地域の人々と同様に市民として自然災害に直面し，それを乗り越える市民的活動を行っている。特にA園の子どもは自分の家，幼稚園，地域の公園といった自分たちが帰属感を感じている場所が洪水の被害を受けた。しかし，復旧の過程において，他園からA幼稚園に避難してきた園児を迎え入れ，その園に寄付するおもちゃを集めるなどの市民的活動を展開した。本LSは，このように「洪水」という偶発的な出来事に関連して幼児が展開した市民的活動を，日頃のアセスメントに基づきLSにまとめたA4全32ページの学びの物語である。

　LS「洪水」は四つの方法原理（「エンパワーメント」「全人的発達」「家族とコミュニティー」「関係性」）と五つの要素（「ウェルビーイング」「帰属感」「貢献」「コミュニケーション」「探究」）が織り込まれた活動であり，市民性育成に直結する活動が展開されている。LS「洪水」の概要を表3に示した。

　表3の上部(1)から(4)は，LS「洪水」の概要を保育者がA4用紙2枚に渡って説明した内容を分析したものである。

　(1)「教育の可能性」は，「洪水」に関わって子どもに提供する保育方法の可能性を記述したものである。四つの方法原理との関わりで分析すると「家族とコミュニティー」「関係性」を重視していることが分かる。

　(2)「教育の広がり」は，「洪水」の経験の起点となる要素「帰属感」とそこから広がる経験を説明している。

48

表3　A幼稚園における学習活動「洪水」のラーニングストーリーの概要

ラーニング・ストーリーの構成	分析
(1)教育の可能性 ①教員チームは家族に本テーマの関心を促進することを許可される。 ②家族は自分たちの経験やストーリーを共有できる。 ③緊急事態の際にあなたを支援するコミュニティーのサービスについて学ぶことができる。 ④家族と子どもに写真，ストーリー，情報を共有するために壁にディスプレーできる。 ⑤ディスプレーされた家族にはギフトを贈る。 ⑥河川の伝説についてより学ぶ。	重視される原理 ①家族とコミュニティー ②関係性 ③家族とコミュニティー ④家族とコミュニティー ⑤家族とコミュニティー ⑥関係性
(2)この活動によって子どもや大人が広げるひらめきは何か 　これは私たちの家族にとって重大な出来事であった。そして，この活動の過程において，経験を共有することができる。	最も重視される要素 帰属感
(3)学習の成果（ラーニング・アウトカム） ①子どもたちは，地域の人々が自然災害に対していかに助け合うか意識する。 ②子どもたちは，災害時にいかにして自分自身の安全を保つか学ぶ。 ③洪水によって被害を受けた家族はコミュニティーによって支援を受けることができることを知る。例えば募金による支援がある。 ④子どもたちは彼らの保護者が生活のためにどのような仕事をしているかさらに学ぶ。例えばAさんの父は警察官，Bさんの父は写真家である。 ⑤アート活動を通して，停電や家財破損の経験といったトラウマを軽減する機会を与えられる。 ⑥洪水によって大きな被害を受けた他園の子どもたちが一時的に本園に通った経験から，二つの園の絆をさらに深めたことを学ぶ。 ⑦子どもたちのコミュニケーションを広げるために，経験を共有し他者に強く共感する濃密な時間を持つ。 ⑧大きな被害があった箇所から，子どもたちは地滑りの壊滅的な影響の本質を発見し学ぶ。	各学習成果の要素 ①帰属感 ②ウェルビーイング ③貢献 ④帰属感 ⑤コミュニケーション ⑥貢献 ⑦コミュニケーション ⑧探究
(4)評価 ①この記録は各家族に自分たちの経験を共有するフォーラムを与える。 ②困難な時におけるコミュニティーの繋がりと家族の支援についての経験を共有する。 ③洪水によって転居することになった家族を助け，家族がや	評価対象となる要素 ①帰属感 ②帰属感 ③貢献 ④貢献 ⑤探究

りがいを感じることができる。 ④私たちの実践は，他の園から本園に新しく通うことになった子どもたちを勇気づける。 ⑤ディスプレーされた新聞の記事と写真は，コミュニティーの他の人々の被害を理解できる。 ⑥子どもは壁のディスプレーについて保護者と話し合うことによって言語力を向上できる。	⑥コミュニケーション
(5)ラーニングストーリーの構成 ・2015年6月の大洪水時の街（写真）帰属感 ・本幼稚園における洪水時の状況（記事）帰属感 ・水没した保育室と水没前の保育室（写真）帰属感 ・街のアスファルトに堆積した土砂（写真）帰属感 ・子どもたちの膝まで浸かった街（写真）帰属感 ・裏庭でトランポリンから水溜りに飛ぶ姉妹（写真）帰属感 ・山の地滑り（写真）探究 ・街の公園の水害と男児（写真と男児の感想）帰属感 ・民間防衛隊のマーク　コミュニケーション ・その日○○川が怒った（川の怒りを象徴するポスター）コミュニケーション ・A男児洪水体験（顔写真・感想・絵）コミュニケーション ・B女児洪水体験（顔写真・感想・絵）コミュニケーション ・C女児洪水体験（顔写真・感想・絵）コミュニケーション ・増水する河川を眺める男児（写真）帰属感 ・水没した公園と水没前の公園（写真）探究 ・D女児洪水体験（顔写真・感想・絵）コミュニケーション ・おもちゃの寄付を募るポスター（写真・お願い文）貢献 ・近隣幼稚園の被害の様子とA幼稚園への避難の記事（写真・記事）貢献 ・緊急車両，ヘリコプター（写真・説明文）探究 ・E男児洪水体験（顔写真・感想・絵）コミュニケーション ・海軍警察に努める子どもの叔父（洪水の救援写真・体験記）帰属感 ・民間防衛隊のマークの活躍（写真・記事）ウェルビーイング ・河川の氾濫（写真・記事）ウェルビーイング ・洪水に襲われた街のカヌーで移動した家族（写真）ウェルビーイング ・洪水に襲われた街の航空写真（写真）探究 ・洪水に関するマオリの絵本（伝統的な絵本）コミュニケーション ・洪水に関する言葉の意味（マオリ語・英語・絵）コミュニケーション	分析視点 ウェルビーイング 「自分や他者を危険から守る。」 帰属感 「自分の世界の人，場所，モノを関連付けることができる。」 「自分達が生活する場所を大切にし，その手入れなどに参加する。」 貢献 「周りの友だちや大人と公平に接し，遊びの仲間に入れる。」 コミュニケーション 「あらゆる素材や手段を使って，気持ちやアイディアを表現する。」 探究 「作業理論を構築し，磨きをかけることで，自分が住む世界を有意味化する。」

A幼稚園により提示された「洪水」に関するラーニングストーリー全32ページを参照し筆者作成。

(3)学びの成果（ラーニング・アウトカム）は，子どもと「洪水」との関わりに関する写真，作品，子ども自身の言葉，保護者の報告を日常的かつ形成的にアセスメントすべき事項を整理している。学びの成果は，「帰属感」と「貢献」を中心に五つの要素をバランス良く選択した記述となっている。

(4)評価は「洪水」活動が終了した時点で事後的かつ総括的に活動を評価していく視点である。この評価視点も五つの要素から「帰属感」を中心に五つの要素がバランス良く選択されている。

表3の下部(5)ラーニング・ストーリーの構成は，期間中に実際に保育室の壁にディスプレーされたＡ4用紙1枚ずつの内容を筆者が分析したものである。それぞれのLSには五つの要素が混ざりあっているものも存在するが，最も関連の深い要素を一つに絞ることを原則として分析した。

表4は五つの要素を視点に表3(3)「学びの成果」と表3(5)「ラーニングストーリーの構成」を整理したものである。

要素「ウェルビーイング」では，「民間防衛隊のマークの活躍（写真・記事）」「洪水に襲われた街のカヌーで移動した家族（写真）」のように，今後，子どもが同様の自然災害に襲われた際に，いかにして自分自身の安全を保ち「自分や他者を危険から守るか」を学んだ学習成果となっている。

要素「帰属感」に関するものには，「2015年6月の大洪水時の街（写真）」「水没した保育室と水没前の保育室（写真）」「自宅裏庭でトランポリンから水溜りに飛ぶ姉妹（写真）」のように子どもの生活の場である地域，保育施設，家庭における洪水の様子を示したものである。これらは「帰属感」の学習成果である「自分の世界の人，場所，モノを関連付け」を果たしたことを記録している。

要素「貢献」は，「おもちゃの寄付を募るポスター（写真・お願い文）」「近隣幼稚園の被害の様子とA幼稚園への避難の記事（写真・記事）」といった洪水によってもたらされた被害に対して子ども自身が主体的に貢献を果たした記録となっている。特に近隣幼稚園が洪水によって一時的に使用不能となり，

表 4　「洪水」のラーニングストーリーにおける LS 内容と五つの要素の関係

要素	学びの成果　表3⑶	ラーニングストーリーの構成　表3⑸
ウェル ビーイ ング	②子どもたちは，災害時にい かにして自分自身の安全を 保つか学ぶ。	・民間防衛隊のマークの活躍（写真・記事） ・河川の氾濫（写真・記事） ・洪水に襲われた街のカヌーで移動した家族 　（写真）
帰属感	①子どもたちは，地域の人々 が自然災害に対していかに 助け合うか意識する。 ④子どもたちは彼らの保護者 が生活のためにどのような 仕事をしているかさらに学 ぶ。例えばAさんの父は警 察官，Bさんの父は写真家 である。	・2015年6月の大洪水時の街（写真） ・本幼稚園における洪水時の状況（記事） ・水没した保育室と水没前の保育室（写真） ・街のアスファルトに堆積した土砂（写真） ・子どもたちの膝まで浸かった街（写真） ・裏庭でトランポリンから水溜りに飛ぶ姉妹 　（写真） ・街の公園の水害と男児（写真と男児の感想） ・増水する河川を眺める男児（写真） ・海軍警察に努める子どもの叔父（洪水の救援 　写真・体験記）
貢献	③洪水によって被害を受けた 家族はコミュニティーによ って支援を受けることがで きることを知る。例えば募 金による支援がある。 ⑥洪水によって大きな被害を 受けた他園の子どもたちが 一時的に本園に通った経験 から，二つの園の絆をさら に深めたことを学ぶ。	・おもちゃの寄付を募るポスター（写真・お願 　い文） ・近隣幼稚園の被害の様子とA幼稚園への避難 　の記事（写真・記事）
コミュ ニケー ション	⑤アート活動を通して，停電 や家財破損の経験といった トラウマを軽減する機会を 与えられる。 ⑦子どもたちのコミュニケー ションを広げるために，経 験を共有し他者に強く共感 する濃密な時間を持つ。	・民間防衛隊のマーク ・その日○○川が怒った（川の怒りを象徴する 　ポスター） ・A男児の洪水体験（顔写真・感想・絵） ・B女児の洪水体験（顔写真・感想・絵） ・C女児の洪水体験（顔写真・感想・絵） ・D女児の洪水体験（顔写真・感想・絵） ・E男児の洪水体験（顔写真・感想・絵） ・洪水に関するマオリの絵本（伝統的な絵本） ・洪水に関する言葉の意味（マオリ語・英語・ 　絵）
探究	⑧大きな被害があった箇所か ら，子どもたちは地滑りの 壊滅的な影響の本質を発見 し学ぶ。	・山の地滑り（写真） ・水没した公園と水没前の公園（写真） ・緊急車両，ヘリコプター（写真・説明文） ・洪水に襲われた街の航空写真（写真）

A幼稚園により提示された「洪水」に関するラーニングストーリー全32ページを参照し筆者作成。

A幼稚園に一時的に転園した子どもを，温かく迎えたことを記録し，「周り
の友だちや大人と公平に接し，遊びの仲間に入れた」という学習成果を記録
している。

　要素「コミュニケーション」は，子どもに身近な地域，保育施設，家庭で
起こった洪水に関する写真に対して，子どもがその時の状況や心情をイラス
トや言葉で表現したものである。ここでは「洪水」を媒介に地域，保育施設，
家庭への帰属感を高めていくとともに，非言語的なアート活動といったコミ
ュニケーションを通して，停電や家財破損の経験といった洪水によって子ど
もが感じたトラウマを軽減する機会を学習成果としてまとめている。

　要素「探究」では，「山の地滑り（写真）」「水没した公園と水没前の公園
（写真）」「洪水に襲われた街の航空写真（写真）」といった洪水という自然事
象を対象化し，なぜ，どうしてと保育者と会話を進めつつ洪水の原因や被害
状況を研究するためのLSとなっている。ここでの写真には，子どもは登場
せず自然事象や社会事象のみとなっている。

(3)LS「洪水」における市民性育成の論理

　以上のようにLS「洪水」は，偶発的な洪水を契機に子どもが市民として
社会に参画する姿を五つの要素からバランス良く記録したものとなっている。
五つの要素は排他的ではなく，全てが市民的活動の中に織り込まれている。

　例えばSL「洪水」を保育施設に掲示することによって，子ども，保護者，
保育者，地域の人々の自分たちの経験を共有する市民的なフォーラムの場が
生まれる。このフォーラムでは，洪水といった災害時における安全確保の方
法（ウェルビーイング）やコミュニティーの繋がりや家族の協力についての経
験（帰属感）が共有できる。

　さらに，洪水によって転居することになった家族を助け，さらに他の園か
ら本園に新しく通うことになった子どもを勇気づけること（貢献）ができる。

　子どもは壁のディスプレーについて保護者と話し合うことによって言語力

（コミュニケーション）を向上できる。さらにディスプレーされた新聞の記事と写真は，コミュニティーの他の人々の被害を理解し，自然災害の実態を調べること（探究）を可能にする。

　以上のように『テ・ファーリキ』における市民性育成のアセスメントは，子どもたちの市民的活動を五つの要素によって跡付け，学びの履歴としてのカリキュラムを事後的に構成する。

４．結語

　問題の所在において示した三つの課題に対して，『テ・ファーリキ』に基づくLS「洪水」は実践的にどのように応えているのだろうか。

　①市民性の準備か実践か

　LS「洪水」は，大規模な洪水といった災害に対して，幼児，大人の区別なく課題解決のために全ての人々が市民として協働し復興に携わることが必要であることを示している。したがって，幼児が協働性を発揮する全ての活動は市民的活動となる。市民的活動によって展開する幼児教育における市民性育成は，市民になるための“準備教育”ではなく市民としての“実践教育”である。

　②総合的な市民性育成の原理

　LS「洪水」は，四つの方法原理（「エンパワーメント」「全人的発達」「家族とコミュニティー」「関係性」）と五つの要素（「ウェルビーイング」「帰属感」「貢献」「コミュニケーション」「探究」）を織り交ぜた洪水に関わる経験とそこからの復興活動を総合的に展開する。この四原理と五要素が交差することが市民性育成のカリキュラム・フレームワークであるとともに，子どもの総合的な市民的活動の源となる。

　③偶発的な市民性発達の評価

　LS「洪水」では，子どもも保育者も想定していなかった大規模な洪水の発生とそれに関連する子どもの市民性発達を日々のアセスメント（写真，状

況記録のメモ，子どもの作品など）に基づき，五つの要素を視点に事後的に LS に整理し，園内に掲示することで子ども，保育者，保護者，地域の人々に学びの可視化と共有化を図っていた。LS「洪水」のようなクラス全体が展開した市民的活動を入園から卒園まで整理することで，幼児期における学びの履歴としての市民性育成カリキュラム[4] が跡付けられる。

　以上のようなニュージーランド保育指針『テ・ファーリキ』における市民性育成の論理は，市民性育成のスタート期となる幼児教育の独自性を踏まえつつ，就学後の教科教育との接続も示唆している。日本における市民性育成とアセスメント方法の確立に多くの示唆を与える。

（中原朋生）

註

（1）本稿の問題意識の原点は，棚橋健治（2010）によって明らかになった日本の子どもの市民性の消極的な特徴である。それによると日本の子どもは，市民社会の理想像を理解し，その現実を冷静に分析する力もあるが，現実の社会問題に積極的に関わる姿勢に乏しいという。この問題の根本には，幼児教育において子どもが市民的活動を展開し，市民としての自己効力感を感じる経験の乏しさにあるのではないか。本稿はこのような問題意識から，社会科教育の原初的な活動を行う幼児教育における市民性育成を研究対象としている。

（2）欧州側の代表者は，当時ワイカト大学教育学部で幼児教育を教授していたヘレン・メイ（Helen May）とマーガレット・カー（Margaret Carr）であった。マオリ側の代表者は，マオリの教育思想研究家のタマティ・リーディ（Tamati Reedy）とティリー・リーディ（Tilly Reedy）夫妻であった。

（3）ラーニング・ストーリーは1996年のテ・ファーリキの初版から編纂に携わっているマーガレット・カー（Margaret Carr）が理論と手法を体系的に提案したものである。なお，日本におけるラーニング・ストーリーに関する先行研究は，個人別の活動に関するものが多い。本稿のようにグループ活動のラーニング・ストーリーを詳細に分析した先行研究は管見の限りない。

（4）『テ・ファーリキ』における市民性育成カリキュラムは，「意図されたカリキュラム」「実践されたカリキュラム」「達成されたカリキュラム」を全て含むが，ラー

ニング・ストーリーによるアセスメントによって学びの履歴として「達成されたカ
リキュラム」を事後的に編成する点に特徴がある。

参考文献

・OECD "FIVE CURRICULUM OUTLINES" *Starting Strong Curricula and Peda-gogies in Early Childhood Education and Care*, 2004.
・棚橋健治代表『世界水準からみる日本の子どもの市民性に関する研究』平成19〜21
年度科学研究費補助金基盤研究（B）研究報告書，2010。
・マーガレット・カー著，大宮勇雄・鈴木佐喜子訳『保育の場で子どもの学びをアセ
スメントする―「学びの物語」アプローチの理論と実践』ひとなる書房，2013。
・飯野祐樹「ニュージーランド就学前統一カリキュラム Te Whāriki（テ・ファーリ
キ）の作成過程に関する研究」『保育学研究』52号第1巻，2014，pp. 90-104。
・The Ministry of Education, New Zealand, *Te Whāriki: He whāriki matauranga
mo nga mokopuna o Aotearoa: Early childhood curriculum*, New Zealand Gov-
ernment, 2017.
・大橋節子・内田伸子・上田敏丈・中原朋生「ニュージーランド保育関係者は2017年
テ・ファリキ改訂をどのように捉えたか」『チャイルドサイエンス』Vol. 16，日本子
ども学会，2018，pp. 41-46。
・大橋節子・中原朋生・内田伸子・上田敏丈［監訳・編著］，神代典子［訳］『テ・フ
ァーリキ（完全翻訳・解説）：子どもが輝く保育・教育のひみつを探る』建帛社，
2021。

付記

本稿は「JSPS 科研 JP21K02398」の助成を受けた研究成果の一部を公表するものであ
る。

小学校低学年の市民性教育における「文化の普遍性」
を視点にした単元デザイン
―J. オールマンと J. ブロフィの取り組みに注目して―

1. 問題の所在

　子どもたちは，日常の生活経験の中で様々な人や物事と関わることで社会や自然といった世界への気付きを培い，自己形成をおこなっている（Mindes, 2006）。とりわけ，小学校低学年を含む幼年期は，民主主義社会における市民性育成の基盤となる時期である（Mindes, 2022）。

　国や地域によって，教育制度としての社会科の有無は異なるが，それぞれの文脈で，小学校低学年の社会認識や市民性の育成がおこなわれている。米国では，幼稚園から小学校 3 年生における "Early elementary social studies" の学術的な研究は限定的であることが指摘されてきたが（Brophy & Alleman, 2008），近年になりカリキュラムや学習指導の研究が蓄積されつつある（Serriere, 2019）。2010年以降の日本では，米国の小学校低学年カリキュラムを取り上げた研究は，福井（2014）や中原（2015）がおこなっている。

　日本と米国の小学校低学年の教育は，制度や思想が異なり，直接的な示唆は得にくい。しかし，教育制度としての社会科の有無に限らず，乳幼児期から生涯を視野に入れた社会認識や市民性の育成に関しての議論が改めて求められる（片上，1979：中原，2015）。

　本稿では，米国・ミシガン州立大学の J. オールマン（Janet Alleman）と J. ブロフィ（Jere Brophy）らの取り組みに注目する。オールマンは社会科教育学の研究者であり，ブロフィは教育心理学の研究者として知られている。例えば，Brophy（2004, 2011中谷監訳）や Brophy & Good（1974, 1985浜名他訳）

は，邦訳もあり，日本の教育研究でも参照されてきた。両氏は1990年代頃から2000年代頃に社会科教育の共同研究をおこなっており，その間に30本以上の共著論文や書籍が発表された。ブロフィとオールマンの教育論は，Vam Hover & Hicks（2017）によれば社会構築主義に位置づけられる。日本の社会科教育では，ブロフィとバンスレッドライト（Bruce VanSledright）による歴史教育の共同研究が田口（2011）や渡部（2019）によって，社会構築主義の文脈で注目されている。また，山田（2019）はオールマンとハルヴォルセン（Anne- Lise Halvorsen）による小学校社会科カリキュラムの統合をめぐる議論を紹介している。しかしながら，オールマンとブロフィの共同研究は，O'Mahony（2012）と橋本（2012），寺尾（2013）で一部言及されるに留まっている。なお，O'Mahony（2012）は全国社会科教育学会『社会科研究』への寄稿である。

　一方で米国においては，幼児教育及び小学校社会科の文脈からオールマンとブロフィの共同研究が参照され，O'Mahony（2006），Boyle-Baise & Zevin（2009），Mindes（2014），Serriere（2019）が言及している。Boyle-Baise & Zevin（2009）は，子どもの市民性に繋がる「世界像（word view）」形成の視点からオールマンとブロフィに注目する。

　Brophy & Alleman（2006）は，米国において，幼稚園（5歳）から小学校3年生の子どもに対してインタビューをおこない，子どもが生活経験の中でゆうする物事（食べ物，衣服，交通，家族生活，お金，政府等）への知識や思考を実証的に明らかにした。これを踏まえて，食べ物や衣服といった「文化の普遍性（cultural universals）」を視点に，社会科学習をおこなう必要性を提起し，おもに小学校低学年を中心にした単元モデルを教師たちとともに開発している（Alleman & Brophy, 2001: 2002: 2003）。本稿では，これらの取り組みに注目する。

　以下の問いを検討する。オールマンとブロフィは，文化の普遍性を視点にして，どのような小学校低学年社会科のカリキュラムや学習指導の考え方と

方法を提案しているのか。それを実現するためにどのような方策をおこなっ
ているのか。

2．研究の方法

　本稿では，カリキュラムおよび教材の内容分析をおこなう。具体的には，
単元事例集 *Social Studies Excursions, K-3*（以下，SSE と略記）シリーズを
中心に検討する（Alleman & Brophy, 2001: 2002: 2003）。SSE は，教師志望学生
や現職教師用の参考書である。また SSE に関連した文献が複数刊行されて
おり，著者に小学校教師のナイトン（Barbara Knighton）を加えた *Inside the
Social Studies Classroom* は，実践記録をもとにした手引書ともなっている
（Brophy, Alleman & Knighton, 2009）。その他，*Powerful Social Studies for
Elementary Studies* という SSE とそれにもとづいた実践を事例にした小学
校教員養成用テキストがある（Brophy, Alleman & Halvorsen, 2016）。
　以下の手順で検討をおこなう。第 1 に単元事例集 SSE を取り上げ，その
全体構成を記述する。第 2 に具体的な単元に注目し，目標構造と社会認識及
び市民性の形成に関わる考え方を説明する。第 3 に，単元構成の原理及びそ
れを実現するための仕組みを解明する。

3．全体構成―概念としての「文化の普遍性」―

　SSE は，幼稚園から小学校 3 年生まで（特に小学校 1 年生・2 年生）を対象
に開発された単元事例集である。本単元事例集は，「文化の普遍性」，つまり，
「過去，現在のすべての社会において見られる人間の基本的欲求と社会経験」
を中心にして，子どもが概念を獲得・修正していく学習となっている（Alle-
man & brophy, 2003, p. ix）。ブロフィとオールマンによれば，文化の普遍性は
低学年社会科で注目されるものであり，「様々な社会的な背景をもつ子ども
たちは生まれながらにして，文化の普遍性にかかわる」個人的な経験をもっ
ており，それらを社会科で取り上げることが「初期の社会的理解を深めるた

めの自然な出発点」となり，「概念や原理」の学習に生きることを主張している（Brophy & Alleman, 2010, pp. 133-140）。おもに，多文化教育の Banks (1990) 等を参照している（Alleman, Brophy & Knighton, 2014）。

SSE は，第1巻「食べ物」「衣服」「住居」，第2巻「通信」「交通」「家族生活」，第3巻「幼少期」「お金」「政府」の全9単元で構成されている。各単元は，それぞれが10から16の授業に分かれている。

第1巻では，衣食住といった人間の基本的欲求を扱っている。ここでは，子どもが自立した個人になるために，生活の中で物事を選択・決定できる力の育成が目指されている。第2巻と第3巻では，社会生活を営む上で必要な手段や組織の理解を目指している。知的な理解に留まらず，市民性（道徳的価値）の育成も図っている。

例えば，第2巻の単元「通信」には10「責任ある市民になる」という授業がある。ここでは，「クラスに特別なニーズをもつ子どもを受け入れる時にどうしたらいいか」という問いを切り口に，障がい者に対する社会的責任について学習する（Alleman & Brophy, 2002, pp. 104-106）。社会的な物事への意思決定をおこなう力の育成を目指している。第3巻の単元「お金」では，寄付行為を例にとりながら，子どもたちが社会変革の担い手となりうることにも学習内容が及んでおり，例えば授業12は「子どもたちは他人を助けるためにいくらかお金を寄付することで変化をもたらすことができる」ことを学習内容にしている（Alleman & Brophy, 2003, pp. 123-208）。

SSE では，家族生活や幼少期の出来事も，文化の普遍性から捉えられている。第3巻の単元「幼少期」は，赤ちゃんの頃から小学校1・2年生までの自分自身の成長を振り返ることを授業の導入とし，過去のアメリカや世界中の子どもの生活や役割を学習していくものである（Alleman & Brophy, 2003）。現代や過去の地域社会や世界を知ることで自己の確立をおこなわせるとともに，自分が社会においてもつ役割を考えさせようとしている。子どもの社会的有効感覚を育てるものである。

　全9単元は，独立した単元とされてはいるが，第1巻の衣食住といった人間の基本的欲求から始まり，第2巻の社会生活を営む上で必要な手段や組織の理解，そして第3巻では市民として社会に働きかける可能性を考えさせるといった緩やかな内容配列を見出すことができる。つまり，自立的生活者の育成を基礎として，社会的な人間，そして民主社会における市民の育成を目指すものといえる。SSE を教師が活用する際には，子どもの既有知・既有経験を踏まえ，再編成や選択していくことが求められる（Brophy, Alleman & Knighton, 2009）。

　文化の普遍性を視点とした内容編成がとられた背景には，米国における小学校社会科への問題意識があり，オールマンとブロフィは，一般的な教科書が採る同心円的拡大法の内容編成では，学校やコミュニティそのものの学習に終始し，子どもの概念形成をおこない難い状況があるという（Alleman & Brophy, 2003, pp. ix-x, 2-4）。例えば，「政府」という概念を挙げ，多くの教科書では学校や近隣，コミュニティの単元に僅かに含まれるだけであったり，政府を理解する上で重要な事柄同士が，異なる単元に存在したりと，内容が散逸していることを指摘している。

　オールマンとブロフィは同心円的拡大法を踏まえつつも，文化の普遍性を視点に位置づけることで，学習内容の体系化を図っている。文化の普遍性は，過去・現在の家族，近隣，コミュニティ，国家，世界においても共通にみられるため，既存の学習内容同士を関連付ける視点となっている。

　オールマンとブロフィは，教科書に問題があろうとも，初等教育の現場では，それぞれの教師たちの実践では，文化の普遍性という視点は，基礎的な社会理解の発達の基盤として扱われてきたとも指摘している（Alleman & Brophy, 2003, pp. 2-4）。SSE は学校現場での蓄積を否定・批判して，新たな理論を導入しようという性格のものではなく，米国で蓄積されてきた小学校社会科の基本的な理念と方法について，教師たちと共有することを目的に構想されている。

4．単元デザインと学習指導－個人から市民へ－

(1)単元の構成原理

　SSE は，一人一人の子どもの多様な生活経験による個人的な概念や考え方から社会的かつ市民的な概念や考え方へ子どもの認知を変革させていく過程として構成されている。ブロフィとオールマンは，単元構成について，表1の特質を重視している。

　子どもの生活の中にある文化の普遍性（食べ物，交通，お金）に注目することで，子ども自身が主体性をもって，学習に取り組むことが意図されている。例えば，単元「食べ物」は表2に示す16の授業から構成されており，それぞれの授業に学習内容（主要観念）を設定している。

　単元を実施するうえでは，子どもたちの学習コミュニティ（教室の雰囲気や保護者との連携を含む）をつくることを大切にしている。ブロフィとオールマンは，1）「社会的教育（social education）」のための学習コミュニティに注目した学級目標を設定すること，2）掲示物や椅子等といった「物理的な

表1　単元の鍵となる特質

・単元は，現代の米国社会，特に児童の家庭や近隣で経験したような普遍的な文化に焦点を当てることから始める。
・単元は，文化の普遍性に関連する技術がどのように時間とともに進化してきたかを検討する。
・単元は，文化の普遍性が多様な場所や社会で経験された方法で，今日の世界の変化に取り組む。
・単元は，制作物，教室訪問者，フィールド，とりわけ，インプット用の教材としての児童文学の選書を含む。
・単元は，両親や家庭の人々との交流をするための，宿題を含む。
・単元は，生活の中での文化の普遍性の取り扱いに関して，児童の自己効力感を支える方法で，現在や将来におけるすべての問題について，個人的，社会的，市民的な意思決定に取り組む。

(Brophy, J., Alleman, J., & Knighton, B. (2009). *Inside the social studies classroom*, New York: Routledge, pp. 31-32, より筆者作成。)

表2　単元「食べ物」の単元展開

授業名	おもな学習内容の一例（主要観念）
Ⅰ．文化の普遍性に関する意味把握 1）食べ物の働き 2）選択：おやつ	1．食べ物の働き ・食事は基本的欲求である。 ・食べ物は，私たちにエネルギーを与え，強くて健康な体を作るのに必要な栄養を提供する。 ・いくつかの食べ物は，とりわけ健康的で栄養がある（ピラミッドの上）。
Ⅱ．文化の普遍性に関する歴史的な検討 3）食べ物の経年的変化 4）農業の経年的変化 5）食品産業の発展	・世界中の人々は，同じ基本的な食物グループから食べる傾向にある。しかしながら，食べ物は文化や地理によってかなり異なってみえるかもしれない。それらは，世界中のあらゆる地域から来ている人々ということよりは，むしろ調味料のせいで味も異なるかもしれない。
Ⅲ．文化の普遍性に関する地理的，文化的，経済的な検討 6）農業の種類 7）バナナの物語 8）ピーナッツバターの物語 9）パスタの物語 10）アップルパイの物語 11）スーパーマーケットへの訪問 12）食品産業の仕事 13）特別な食べ物	7．バナナの物語 ・バナナは，気候条件によるため世界の特定の地域でしか育たない食べ物の実例であるが，世界の他の地域へ輸送されている。バナナは，それらが収穫されてからスーパーマーケットへ届くまで保存に気をつけなければならない。 ・私たちは，この食べ物が私たちに届くまでに多くの労働者に頼っている。 14．選択を行う ・人々は，彼らが食べるものについて，意思決定をおこなっている。それは，何を食べるのか，どこで食べるのか，どのように調理されたのか，等である。 ・私たちの選択には，位置，気候条件，季節，天気，食品の入手可能性，費用，家族構成，個人の嗜好，地域の信仰が影響を与えている。
Ⅳ．問題解決・意思決定 14）選択を行う 15）飢え **Ⅴ．まとめ** **（復習・評価）** 16）復習	15．飢え ・時々人々は必要な食べ物のためにお金を払えない場合があり，結果としてコミュニティにおける機関からの援助を探す（例：社会サービスからのフードスタンプ，フードバンク，炊き出し）。 ・コミュニティのメンバーとして，私たちは，時間，食べ物，お金の寄付によって，食べ物を必要とする人々を援助する機関に貢献することができる。

（Alleman, J., & Brophy, J. (2001). *Social studies excursions, K-3. Book one: Powerful units on food, clothing, and shelter.* Portsmouth, NH：Heinemann, pp. 29-121. より筆者作成。）

環境」をはじめとして，子どもの学習に必要な教室環境をつくること，3）
保護者とも連携して，学級のルールや役割等をつくること，4）対話等でク
ラスの「ビジョン」をつくること等を挙げている（Brophy, Alleman & Hel-
vorsen, 2016, p. 25）。学習コミュニティーをつくることは，彼らが長らく重視
しているテーマである（Brophy, Alleman & Knighton, 2010）。

　単元構成は，図1の「Ⅰ．文化の普遍性に関する意味把握」「Ⅱ．文化の
普遍性に関する歴史的な検討」「Ⅲ．文化の普遍性に関する地理的，文化的，
経済的な検討」「Ⅳ．問題解決・意思決定」「Ⅴ．まとめ（復習・評価）」とい
う，5段階からなっている（Brophy, Alleman & Knighton, 2009, p. 29）。授業後
には，家庭学習として保護者と話し合いをしてくるように保護者への手紙が
出されており，その成果は次の授業導入で活用される。

　授業1「食べ物の働き」では，食事は基本的な欲求であること，食べ物は
グループ（炭水化物，野菜，果物等）に分けられること，世界中の人々は共通
して同じグループの中から食べ物を選んでいること等を学習する（Alleman

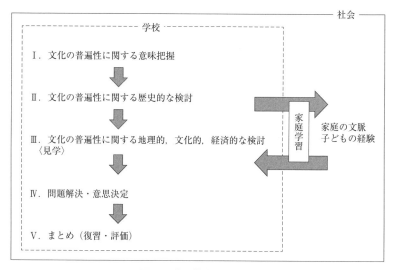

図1　単元構成の考え方　　　　　　　　　　　　（筆者作成）

& Brophy, 2001, pp. 43-50)。写真や実物の他に児童文学を教材としている。児童文学は，校外学習（授業11）や意思決定場面（授業14），復習場面（授業16）以外のすべてに設定されている。これは，単元事例集全体に共通している。授業後には，家族で食べ物のバランス（炭水化物，野菜，果物，乳製品，魚・肉類，その他）を話し合ってくるように保護者への手紙（家庭学習の指示）が出されている。子どもたちが家庭や近隣における生活の中で獲得した経験を素材として「食べ物」といった概念それ自体の意味を獲得・修正することが目指されている。

　授業3「食べ物の経年的変化」では，「大昔の人々は，食べ物のために狩り・収集（採集）・釣りをしていた。それから，動物を飼いならし始めた（彼らは，家畜の世話をする人になった）。その後，人々は，自分たちの農作物を育て始めた」といった流れや，人々の食事は近代交通が発展した現在でもその地域で入手できる食べ物かどうかという点の影響を受けていること等を学習する（Alleman & Brophy, 2001, pp. 64-72）。「食べ物」といった概念自体やそれに関わる物事（農業や食品産業等）の経年的な変化・発展を検討していくことが目指されている。

　授業7「バナナの物語」では，「バナナは，気候条件によるため世界の特定の地域でしか育たない食べ物の実例であるが，世界の他の地域へ輸送されている。」といったことや，バナナが私たちの手元に届くまでには多くの労働者が関わっているということを学習する（Alleman & Brophy, 2001, pp. 104-108）。バナナを事例として，物事が私たちの手元に届くまでの社会システム（人や物の役割や働き）や物事の背景にある地理的，文化的，経済的な要因を検討していくことが目指されている。授業7から授業10では，食べ物の物語に関しての学習が繰り返し行われているが，学習内容は，バナナ，ピーナッツバター，パスタ，アップルパイと，私たちの手元に届くまでの作業過程（栽培・調理・加工等）が単純なものから複雑なものへと深化している。

　授業14「選択を行う」では，人々が食べるものを決める際には，「何を食

66

べるのか，どこで食べるのか，どのように調理されたのか」等を視点に考えていることや，こうした選択においては，「位置，気候条件，季節，天気，食品の入手可能性，費用，家族構成，個人の嗜好，地域の信仰」が影響を与えている，ということを学習する（Alleman & Brophy, 2001, pp. 141-147）。授業2の「選択：おやつ」という学習では栄養バランス（保健・健康）からみた選択をおこなっているが，授業14では場所や季節，費用，宗教等（地理的，文化的，経済的）から選択する学習となっている。また，授業15「飢え」は，社会的な問題解決行為を理解させ，それへの参加可能性を提示することが目指されており，「問題解決・意思決定」段階の一部分といえる。コミュニティにおける市民としての責任や自覚を育もうとしている。

　授業16「復習」は，授業1から授業15のまとめとなっている。子ども同士が互いに学習したことを共有するインタビューゲームが設定されている。この時，メモを読んだり，文字を書いたりすることが求められるため，大人のボランティアや上級生にファシリテーターとして協力を得ることが良いとされている。実質的に，この活動が学習評価となっている。

　SSEは，衣食住といった人間の基本的欲求を中心とする第1巻から，第2巻，そして第3巻へと進むにつれて，通信やお金，政府といった社会生活を営む上で必要な手段や組織の理解へと，単元で扱われる概念の抽象度が高くなっている。前述の5段階（IからV）をベースにしながらも，とくに第3巻では段階間の統合や反復・入れ替え等が見られ，子どもの発達過程に応じた緩やかな学習段階の設定をしていると考えられる。このように，文化の普遍性を中心にすることで子どもの生活経験をもとにして，それらに関連した歴史学，地理学，社会科学の主要観念（main idea）を学習内容に組織している。子ども自身の経験を活かしながら，自己や社会を理解させていく過程となっている。

⑵物語的アプローチによる学習指導

　オールマンとブロフィは，学習指導で物語的（narrative）アプローチを採ることを主張し，その理由として理科や社会科は元々内容が多く，幼い子どもが学習するためには，困難さを伴うという（Brophy, Alleman & Knighton, 2009, pp. 37-57）。小学校の後半以降では，「社会政策問題」の探究やディベートが有効ではあるとしつつも，幼稚園や小学校低学年では，子どもの発達特性や既有知を踏まえて，物語的アプローチを採用している（Brophy, Alleman & Knighton, 2009, p. 28）。

　物語的アプローチは，教師が過去や現在の社会や文化について，説明する物語（story）を構成し，その流れによって，子どもたちと対話をしながら学習を指導していく方法である。これは，地理学や経済学，政治学，社会学，文化人類学の基本的な概念や原理の基礎となる。小学校低学年の子どもたちには，過去の地理的側面を客観的に理解することには限界があるかもしれないが，土地や資源を支配するための戦いや，抑圧から逃れたり経済活動の機会を得たりするための移住等といった社会的な事柄について，物語としてならば理解することができるという（Brophy, Alleman & Knighton, 2009, p. 28）。物語的アプローチはひとつの物語（物事の因果関係）を子どもに教え込んでしまうという危うさもあるが（Barton & Levstik, 2004, 渡部他訳2015, pp. 201-229），ブロフィらは小学校低学年の子どもたちが概念を獲得・修正していくうえでは物語的アプローチが有効であると捉えている（Brophy, Alleman & Knighton, 2009, pp. 38-39）。なお，SSE では絵本を始めとした児童文学が取り入れられているが，児童文学を使うこと自体が物語的アプローチではなく，有効な教材のひとつに位置づけられる。

　SSE の全単元の中で，物語的アプローチが，典型的に表れているのが，第1巻の単元「食べ物」の授業7「バナナの物語」である。バナナが，私たちの手元に届くまでの1つのストーリーで学習内容が構成されている。授業7の学習内容は，表2の通りである。本授業は，費用，準備時間，輸送，努

68

力（仕事に関連している），入手可能性について，子どもたちと話し合うという（Alleman & Brophy, 2001, p. 105）。

　ブロフィとオールマンは，ナイトンの実践記録を素材として，物語的アプローチのあり方を説明している。例えば，ナイトンは児童の一人であるバナナを育てたいティムの反応から授業を始めている。そこでは，T（教師）「ティム，今日は，あなたにとって素晴らしい日よ。私たちは，実際に，バナナが育つ特別な農場について話すのよ。」，T（教師）「じゃあ，ティム，あなたにとって悲しいニュースだけど，もし本当にあなたが，バナナ農場やバナナプランテーションを持ちたいなら，ミシガンに住むことができないね。どこに行かなければならないの。」C（児童）「赤道より下」，といった記録を紹介している（Brophy, Alleman & Knighton, 2009, pp. 47-57）。

　ナイトンは，彼女自身や子どもの生活の中から物語を描き出すことから授業を始め，次に子どもたちの生活経験と結び付け，主要観念の獲得を図っている。ここでは，ティムという子どもの関心から導入をしている。また，三人称よりも「私」や「あなた」という言葉を使って学習内容を「個人化」していることにも特徴があるという（Brophy, Alleman & Knighton, 2009, p. 40）。子どもたち自身と学習内容を結びつけることが目指されている。一般的な物語的アプローチは，三人称（ミシガン州等）の発問や指示となるが，一人称・二人称から始める「個人化したアプローチ」の重要性を提起している。一人一人の子ども自身を重視したアプローチは，低学年社会科では，有効な方法として機能しうる。

　オールマンとブロフィによる単元構成の考え方は，図2のように示すことができる。単元は，自己の確立から社会的概念の理解，そして市民へと子どもを変革させる学習過程となっている。単元が進むにつれて，文化の普遍性に関わる主要観念（食べ物，交通，お金等）の理解が図られる。子どもの発達特性を鑑みて，物語的アプローチが採られている。授業成立の前提条件として，家族の協力，そして教室内で子ども同士が話し合いをできる環境といっ

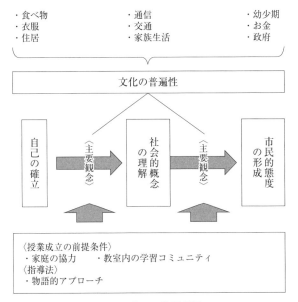

図2　単元の学習過程　　　　　　　　　　　(筆者作成)

た学習コミュニティを作ることが位置づく。学習の中で子どもが知識を概念
化していくことを目指すのではなく，事前に構成された物語を理解させてい
く中で，子どもが概念を獲得したり既有の概念を修正したりしていく学習過
程となっている。

5．教師への実践支援

　ブロフィとオールマンらは，上述の小学校社会科の考え方と方法を踏まえ
て，教師への実践支援の取組をおこなっている。例えば，両氏らによる教員
養成用テキストの *Powerful Social Studies for Elementary Students* は
SSE に収録されている単元事例をベースに構成され，その内容は「社会科
の理念（アメリカ全体や各州の政策的な動向を含む）」「学習コミュニティの作り
方」「単元構成の仕方」「家庭学習」が中心である（Brophy, Alleman & Hal-

vorsen, 2016)。

　「単元構成の仕方」については，*Inside the Social Studies Classroom* でも解説がおこなわれている（Brophy, Alleman & Knighton, 2009）。本書は，SSE に収録された単元とその実践記録をもとに，単元構成の仕方を論じるものであり，教師の独学もしくは，学校や学区での研修，または大学で考えて欲しいこととして，いくつかの問いが提示されている。例えば，「あなたの社会科の教え方とブロフィとオールマンのアプローチを比べてみましょう。それらの共通部分は？主要な違いは？」，「文化の普遍性の潜在的な利点を，あなたはどう考えますか？なぜ？潜在的な課題は？なぜ？」等である（Brophy, Alleman & Knighton, 2009, pp. 267-287）。ブロフィとオールマンによる理論を参照枠として，自身の実践を振り返ったり，今後どのような実践が可能かということを考えたりする内容となっている。理論自体の妥当性についても教師が検討をおこなう対象である。

　ブロフィとオールマンは，通常の年間カリキュラムをおこなう過程で活用可能な単元とその考え方を示し，教師が主体的に取り組むものとしている。日々の実践で，子どもの概念形成を実現していく方法を教師に考えさせている。手引書には，教師向けの問いや活動が用意され，それらが教師に実践の省察を促すものともなっている。オールマンとブロフィの SSE やそれに関わる一連の取り組みは，教師に理論を示すことで教師が自身の実践を省察する際の拠り所とすることが意図されている。

6．小学校低学年における「文化の普遍性」の学習

　オールマンとブロフィによる文化の普遍性を視点にした単元デザインの考え方は，小学校低学年教育を改善していく視点となりうる。日本の文脈では，生活科に新たな視点を示唆している。オールマンやブロフィは，クラスの同級生，そして家族，さらには，過去，現在の社会における人々との対話を通して，自己および社会への概念を形成していくものである。それは，子ども

の日常生活の中にある物事を，文化の普遍性から捉え直し，その意味を自覚
させることで行われている。生活科カリキュラムにそのまま適用することは
避けなければならないが，社会への気づきを自己との関係性において，深め
るための方策ともなる。また，子どもの実態や教師の体験に裏打ちされた単
元構成の理論を踏まえて，単元事例集が開発され，それに基づく教師への実
践支援が行われていることも注目できる。小学校低学年における学習のあり
方としてだけでなく，教員養成・研修を考えていく上でも示唆がある。

（渡邉　巧）

参考文献

Alleman, J., & Brophy, J. (2001). *Social studies excursions, K-3. Book one: Powerful units on food, clothing, and shelter.* Portsmouth, NH: Heinemann.

Alleman, J., & Brophy, J. (2002). *Social studies excursions, K-3. Book two: Powerful units on communication, transportation, and family living.* Portsmouth, NH: Heinemann.

Alleman, J., & Brophy, J. (2003). *Social studies excursions, K-3. Book three: Powerful units on childhood, money, and government.* Portsmouth, NH: Heinemann.

Alleman, J., Brophy J., & Knighton, B. (2014). Teaching social studies within a first-grade learning community, In A. S. Libresco, J. Alleman., S. L. Field, & J. Passe., (eds.), *Exemplary elementary social studies: Case studies in practice* (pp. 111-128). Charlotte, NC: Information Age Publishing Inc.

Banks, J. A. (1990). *Teaching strategies for the social studies: Inquiry, valuing and decision-making,* New York: Longman.

Barton, K. C., & Levstik, L. S. (2004). *Teaching history for the common good.* New York: Routledge.（バートン. キース. C，レヴステック. リンダ. S，渡部竜也・草原和博・田口紘子・田中伸（訳）(2015)『コモン・グッドのための歴史教育－社会文化的アプローチ－』春風社。）

Boyle-Baise, M., & Zevin, J. (2009). *Young citizens of the world: Teaching elementary social studies through civic engagement.* New York: Routledge.

Brophy, J. (2004). *Motivating students to learn.* New York: Routledge.（ブロフィ. J. 中谷素之（監訳）(2011)『やる気を引き出す教師－学習動機づけの心理学－』金

子書房。)

Brophy, J., & Alleman, J. (2006). *Children's thinking about cultural universals.* Mahwah, NJ: Routledge.

Brophy, J., & Alleman, J. (2008). Early elementary social studies. In L. S. Levstik., & C. A. Tyson. (eds). *Handbook of research in social studies education* (pp. 33-49), New York: Routledge.

Brophy J., Alleman, J., & Knighton, B. (2009). *Inside the social studies classroom,* New York: Routledge.

Brophy, J., Alleman, J., & Halvorsen, A. L. (2016). *Powerful social studies for elementary students.* Boston: Cengage Learning.

Brophy, J., & Alleman, J. (2010). What do children know about cultural universals? In W. C. Parker., (ed.), *Social studies today: Research & Practice* (pp. 133-140). New York: Routledge.

Brophy, J., Alleman, J., & Knighton, B. (2010). *A Learning Community in the Primary Classroom.* New York: Routledge.

Brophy, J. E., & Good, T. L. (1974). *Teacher-student relationships: Causes and consequences.* New York: Holt, Rinehart & Winston. (ブロフィ. J,グッド. T, 浜名外喜男・蘭千壽・天根哲治（訳）(1985)『教師と生徒の人間関係－新しい教育指導の原点－』北大路書房。)

福井駿（2014）「小学校低学年における関係としての社会の学習－Getting Started in Philosophy の分析を通して－」『社会科研究』81, pp. 51-62。

橋本康弘（2012）「オマホニー提案の読み方と日本の研究に示唆するもの」全国社会科教育学会『社会科研究』77, pp. 83-86。

片上宗二（1979）「子どもの社会認識とその発達」『茨城大学教育学部教育研究所紀要』11, pp. 73-80。

Mindes, G. (2006). Social studies in today's early childhood curricula, In G. Mindes., & D. Koralek. (eds), *Spotlight on young children and social studies* (pp. 4-10), National association for the education of young Children.

Mindes, G. (2014). *Social studies young children: Preschool and primary curriculum anchor, second edition,* Lanham, MD: Rowman & Littlefield.

Mindes, G. (2022). An introduction to the book: Why should social studies be the curricula anchor for young children?, In G. Mindes., & M. Newman (eds), *Social studies for young children: Preschool and primary curriculum anchor* (pp. 1-

6), Lanham, MD: Rowman & Littlefield.

中原朋生（2015）『現代アメリカ立憲主義公民学習論研究－憲法規範を基盤とした幼稚園から高等学校までの子どもの市民性育成－』風間書房。

O'Mahony, C.（2006）. Relating research on children's thinking to teachers' professional practice: A study of research–informed teacher planning in early grades social studies. *Theory & Research in Social Education*, 34(2), pp. 213-240.

O'Mahony, C.（2012）. Researching planning in elementary social studies in the digital age: Exploring the potential of lesson study to energize teachers and revitalize a field.『社会科研究』77，pp. 69-81。

Serriere, S, C.（2019）. Social studies in the early years: Children engaging as citizens through the social sciences, In C. P. Christopher., M. B. McMullen., & N. File. (eds), *The Wiley handbook of early childhood care and education*（pp. 377-399）, Hoboken, NJ: Wiley-Blackwell, 2019.

田口紘子（2011）『現代アメリカ初等歴史学習論研究－客観主義から構築主義への変革－』風間書房。

寺尾健夫（2013）「現代アメリカにおける構築主義歴史学習の原理と展開－歴史像の主体的構築－」『福井大学教育地域科学部紀要（教育科学）』4，pp. 185-209。

Van Hover, S., & Hicks, D.（2007）. Social constructivism and student learning in social studies. In.M. M. Manfra., & C. M. Bolick. (eds), *The Wiley handbook of social studies research*（pp. 270-286）, Chichester, UK: Wiley-Blackwell, pp. 270-286.

渡部竜也（2019）「社会文化的アプローチで日本の社会科研究を変革する試み」梅津正美編著『協働・対話による社会科授業の創造－授業研究の意味と方法を問い直す－』東信堂，pp. 228-254。

山田秀和（2019）「社会科とリテラシー教育の統合による市民性育成－アメリカにおける二つの方向性に焦点を当てて－」『社会科研究』91，pp. 1-12。

認知構成主義的なアプローチと社会構成主義的な アプローチ，普遍主義的なアプローチから見た 市民像の実相

1．はじめに

　私たちの授業づくりの中身と手順は，どのような資質を育む授業を，いつ，どのような児童・生徒に実施するのかによって変わってくる。ただし，教師が授業を構成していく過程には，教育資源を束ね，その取捨選択，創造を方向づける基準の役割を果たしているものがある。では，その"基準"とは何だろうか。渡部らがソーントン（Thornton, Stephan. J）のゲートキーピング論を通して教師のカリキュラム調整能力が社会科教育改善の鍵であると主張したように（スティーブン・J．ソーントン，2012），筆者もこの基準を自覚的に捉えること，捉えようとすることがゲートキーピングにおいて重要だと考えている。

　そこで，今日私たちの授業づくりの基準に影響を与えているものとして，学力──社会科教育で言えば，育成を目指す市民像をめぐる議論に注目したい。今日の学力をめぐる議論は大きく次の3つが軸となって展開していると見ることができる。

(1)「真正の学び」の実現に向けて，個人が（学問をベースにした）各教科内容を「理解する」（／教科する）力の育成に比重を置くもの＝これを認知構成主義的なアプローチと呼ぼう。

(2)同じく真正の学びを主張するが，個人が現実の社会生活の文脈のなかで知識やスキルを探求していく意味と必要を理解した上で実践的な力の育成を重視するもの＝これを社会構成主義的なアプローチと呼ぼう。

⑶⑴⑵のアプローチと似た性質を持ちつつ，それを一定程度構造化，パッケージ化し世界で遍く通用する雛形としてのカリキュラムを構想するもの＝これを普遍主義的なアプローチと呼ぼう。

これらのアプローチがもたらす市民像について，「教科論（教科教育としての目的・意義，育成論）」に引きつけて論じたものは管見の限り見当たらない。よって本稿では，３つのアプローチに関わる文献を分析，解釈することで，それぞれの市民像を描き出したい。その際，教科論の性格を規定するものとして，人文・社会諸科学の位置づけ，子どもの興味・経験及び学習活動，現実の民主主義社会との関わりを分析の視点とする[1]。

２．３つのアプローチに見る市民像

⑴認知構成主義的なアプローチに見る市民像

はじめに「真正の学び／学力」や「真正の評価」について，それらの概念が登場した経緯と問題意識を先行研究から簡単に確認しておこう。1980年代の米国における教育成果の不振と，その実態を測るものが画一的な標準テストであったこと，一方で学習者は知識を——教えられるままに習得するというよりも——既有知をもとに再構成していることに注目する構成主義的な学力観が台頭してきたことがある（西岡，2016，pp.20-21）。これらの葛藤の中で，真に働く有用な能力の育成を目指すことや，その能力が求められるリアルな文脈や状況，学習者がその求めに気づき自ら学んでいく動機が問われたというわけである。

こうした動向の中で，特に認知構成主義的なアプローチに該当する代表的なものとして，ウィギンズ（Wiggins, G.）とマクタイ（McTighe, J.）による *Understanding by Design*（2005）（西岡加名恵訳『理解をもたらすカリキュラム設計　逆向き設計の理論と方法』日本標準，2012。以下，UbD）が挙げられる。1990年代にウィギンズはいわゆる「テスト」の特殊な状況ではなく，現実の状況を模写した中での評価を主張した。そして彼がマクタイとともに構築し

たのが逆向き設計のカリキュラム構成論である。

①逆向き設計論の概要

　西岡は逆向き設計論の要点を，次の4つにまとめている（西岡，2016，pp. 22-23）。それは，教育によって最終的にもたらされる学習成果から遡って設計するものであり，第1に「求められる結果」を明確にすること，第2に求められている結果を達成できていることを確かめられる「承認できる証拠」（評価方法）を決定すること，第3に第1，第2に対応する「学習経験と指導」を決定すること，第4にミクロな設計（単元）とマクロな設計（長期的な指導計画）を往復しカリキュラム全体の改善を図ること，である。これらにおいて重要になるのが，本質的な問いと永続的理解，パフォーマンス評価である。

　「本質的な問い」は，単元を通して探求するもので，構造化された知識やスキルを応用・総合したりできる理解の状態に導くものとされる。その理解は，説明や解釈，応用する，パースペクティブを持つ，共感する，自己認識を持つという6側面に分類され，それぞれに洗練されている，詳細である，素朴である…といった段階が設けられている。さらに，理解は「知の構造」と関連づけ，周辺的・低次のものから中核的・高次のものへ，順に簡単に触れる程度でよい「知っておく価値がある」内容は「事実的知識」と「個別的なスキル」，知っておくべき，使いこなせるべき知識やスキルは「知ること，することが重要」な内容として「転移可能な概念」「複雑なプロセス」，大人になっても残っているべきものを「永続的理解」として「原理や一般化」と，階層構造的に位置づけている。そして，この理解の「知ること，することが重要」と「永続的理解」にかかる評価方法が，「パフォーマンス課題」とプロジェクトである。パフォーマンス課題は，複数の知識やスキルを総合して使いこなすことが求められる課題で，レポートやプレゼンテーションなどのほか，学習者に「あなたは（○○を任された／を担当している）△△です」と

78

いった現実を模写した役や設定を用意したものもよく見られる。例えば石井（2022）は，学者など専門家の探究過程を追体験することを主張しており，学問的な文脈での真正性を重視している。

　さて，上記以外にも，実際にカリキュラムに具体化していくために，ウィギンズとマクタイのUbDやその解説本，実践例が掲載された書籍で論じていることは多くある。本稿ではその全てに言及できないことを断った上で，逆向き設計論の特徴を集約するとすれば，それは私たちが教えようとする知識やスキルについて理解のあり方と理解のさせ方を手厚く論じたカリキュラム構成論だと言うことができる。こうしたカリキュラム構成論に基づくならば，教師は授業を教材を介した教師と学習者のコミュニケーションと捉え，学習者が教材をどのように理解し関わっていくかに特に注目することになるだろう[2]。西岡がまとめた逆向き設計論の4つの要点における，上記の本質的な問い，永続的理解，パフォーマンス課題は，その教材理解のあり方，させ方を支えるものとして機能していると見ることができる。

　以上に見る認知構成主義的なアプローチを，社会科の教科論から考察してみよう。

②認知構成主義的なアプローチに対する社会科教科論からの考察

　認知構成主義的なアプローチは，学習者の理解のあり方，させ方に基づいて，人文・社会諸科学の知見を並列的，羅列的にではなく，階層構造的に位置づけている。それにより，教師が事実と概念，原理や個別スキルとプロセスの区別に基づいて授業を構成することで，社会科教育における，ある概念をある事実に当てはめ仮説を立て検証するといった，社会の科学的な探求と認識を後押しするだろう。

　また，パフォーマンス課題によって，知識やスキルを習得するための目的意識を持ちやすく，子どもの興味・経験および学習活動の点でも主体的な学習が期待できる。学習者の理解のあり方とさせ方に注目する教師は，扱う教

材としての社会事象が，理解を深めさせていく学習者にとってどうであるか
という観点も持ちやすい。

　これらのことは現実社会との関わりにおいても有効に働くと考えられる。
上記のような学習を積み重ねていくことができれば，社会の有り様を鵜呑み
にせず原因や理由に迫る態度やそのための論理的思考力の育成につながる。
プレゼンテーションなど学習成果を何らかの形で発信することは，その内容
にもよるが社会的な影響を与える可能性もある。

　しかしながら，逆向き設計論に代表される認知構成主義的なアプローチは，
理解のあり方，させ方を手厚く導くものであるが，社会とは何であり，その
“何を”理解すべきか，つまり社会自体（内容）に関する洞察と内容選択の
原理がないことには注意する必要がある[3]。例えば社会は，素朴には人々
の願いや工夫，努力の集積の結果として捉えることができるが，そうした願
いや工夫を超えて人々の思考や行動を規定する制度・システム，文化様式と
しても存在する。さらに社会は，制度・システムの背後に潜む価値観や規範
意識こそが本質的特徴とも捉えられるし，それらの価値観が自明なものに仕
立て上げられてきたプロセスや運動に迫ることで見える特徴もある[4]。こ
うした，多様な社会の側面において何を取り上げるかは，教師が市民育成の
ねらい——学習者を既存の社会にとって常識的な良き構成員としたいならば，
よりクリティカルで行動的な市民の育成を目指すならば——と関連づけ決め
なければならない。しかし，「理解」「知の構造」における知識やスキルの分
類枠組みは，人文・社会諸科学が捉えるこうした社会の諸側面にではなく，
知識・スキル一般はこう分類整理することができるという汎用的な性質に誘
導しているように見える。その結果，社会の“何を”理解させるのか，それ
はどのような市民（の持つ資質）を育成するためかに教師が無自覚になって
しまったとき，思いがけず特定の世界観を児童・生徒に刷り込んでしまう恐
れがある（渡部，2022）。現実社会との関わりの点から認知構成主義的なア
プローチを見た時，教師は社会の何を理解させるのか，どういう市民を育てる

のかという点を補う必要性があることを指摘できる。

(2)社会構成主義的なアプローチに見る市民像

　認知構成主義的なアプローチが理解のあり方，させ方と，学問的・専門家的な文脈における真正の学びの実現に注力するのに対して，実社会における真正性を重視するのが，社会構成主義的なアプローチである。本項では，これに該当するニューマン（Newmann, Fred M.）の所論とそれに基づく実践を取り上げる。

①「真正の教授法」に基づく教育論の概要

　ニューマンは，真正の学びを満たす３つの要素を核とする「真正の教授法」スタンダードを示している。その３つの要素とは，１）知識の構成（知識の統合），２）鍛錬された探究，３）学びの学校外での価値である[5]。そして，これらに基づく７つの評価課題（情報の組織化，選択肢の考察，学問的プロセス，卓越した文章による伝達，学校の外の世界に結びついた問題，学校外の聴衆）と４つの指導法（より高次の思考，深い知識，内容のある会話，教室を超えた世界の結びつき）から，スタンダードは構成されている。１），２）は，習得した知識を総合，活用し，アカデミックな知見とスキルを用いることを重視しており，UbD および関連書籍における習得する知識・スキルの理解のあり方，させ方にも通じる指標である。それに対して，UbD におけるパフォーマンス課題でもそうした性質を持つことはあり得るが，ニューマンは３）の学校外の実社会で学びが有意味となることを３要素の１つに挙げており，特に重視していると言える。また，ニューマンは UbD のようなマニュアルやハウツーの提案に消極的で，授業作りは教師の手に委ねられている割合が多い。

　ニューマンのいう真正の学びを成立させる上で，学習者の「共同体への参加動機を刺激する」ことも重要とされる（渡部，2019，p. 325）。自身がその共同体での参加の度合いを強めていくことと，学ぶ動機や興味関心とはつなが

っているということである。ニューマンは，そうして起こる学びを文脈という点から３つ挙げている。すなわち，学校という文脈での学び，実験室・作業場という文脈での学び，共同体演習という文脈での学びである。後藤はこれをアレンジして，学校，学問・プロフェッショナルの世界，子どもの生活圏・経験の世界の３つを冠した円をベン図状に，またそれら全体を囲う現実社会を配置した図を，授業構想用に提案している（後藤，2021，pp. 39-40）。３つの円及び円同士が重なる箇所で，学習者に学びを切実に迫る状況や学習課題を考えていくのである。

　以上を手掛かりとして単元を構成すると，どうなっていくのか。その各段階を手厚くリードしてくれる UbD のような指南書がない場合，ことあるごとに自身の単元目標・目的に立ち返り確認することになる。このとき，学習者の動機と文脈を中核に置きつつ，授業を目標から内容・方法の妥当性を検討していくことになるだろう。そうした実践を紹介しよう。

　大勝（2023）は小学校６年の歴史分野，明治政府における近代化政策を扱う単元を構想，実践した。大勝は，明治時代の諸改革を多面的・多角的に捉えさせながら，それらが国民の意見が反映されたものだったか（政治への参加，生活の向上，平等な社会）を視点にレーダーチャート図で評価させ，その理由を記述させた（知識の構成，鍛錬された探究に対応）。単元末では，現代の政治参加の問題として低い投票率を取り上げるとともに，学習した時代の展開と合わせ，有権者を絞り少しずつ拡大していく形で模擬選挙を行い，投票できる／できない立場それぞれの思いや感じたことをその都度交流させる活動を行った（学校外の価値に対応）。それを通して，民主政治を実現する上で大切なことを考える時間を設けた。

　また藤森（2022）は，３つの文脈をもとにしたベン図を用い，小学校５年の「工業生産」の内容で地元社会への企業誘致案を作成する課題に取り組む単元を構想，実践した。藤森は，単元内の学習課題を３つの文脈を行き来するように配置するとともに，学習者にとってその学習が自分たちに関わるも

のなのか，専門家が関わるものなのか，学校の中の勉強として関わるものなのかも問い，教師の意図とのズレを把握し，それらの課題や内容を学ぶ必要性を高めることを試みた。そして，学校外の価値に関わるものとして，また3つの文脈と現実社会の架け橋として外部評価者（地域住民・学校運営協議会委員，行政職員）を招き，単元末に企業誘致案を学習者と一緒に議論した。

②社会構成主義的なアプローチに対する社会科教科論からの考察

　本アプローチでは，学びの学校外での価値や，3つの文脈において学びを迫る状況や必要に基づいて，人文・社会諸科学の知見を位置付けることになる。したがって，何のためにその内容を学ぶのかを学習者自身が自覚した，より目的が明確な学習が期待できる。こうした，人文・社会諸科学の道具的・手段的な位置づけは，既存の教育課程に設けられた内容・知識理解が疎かになるのではないかと指摘されることがある。しかし先の大勝は，学習内容の増加を授業作りの課題として挙げている。学校外の価値を持つ学び，すなわち現代社会のリアルな問題を考えることで真正の学びを実現するためには，むしろ読み取る資料やそれを分析する時間を増やし，知識理解を充実させる必要があったのである。

　子どもの興味・経験および学習活動の点でも，学びの学校外での価値や，学びを迫る状況や必要に基づくことは，よく動機付けられた学習を導くはずだ。また，地元社会への企業誘致案を作成し外部評価者を交えた検討を行った藤森実践のように，学習活動を現実の社会的実践に近づけていくことになる。現実の社会的実践（に近づいた経験）は，学校という文脈での学びのように学ぶことを前提に組織化，単純化されていない。また身体的・情意的な側面も入り混じっており，必ずしも言語化されていないので，それ自体からは学びにくい。よって，そうした学習活動から学べるような振り返りの時間や，言語化を促す概念の習得などが必要となる。このことは，大勝実践の学習内容増加の問題とも関わっている。

　現実社会との関わりの点では，本アプローチが共同体への参加動機や学び
が成立する文脈に注目していることから，育成を目指す市民としては，学ん
だ知識とスキルを実際に使い当事者として社会へ直接働きかけていくような
姿がイメージしやすい。しかし，現実社会の問題の改善，解決にあたって，
当事者としての市民だけでなく，引いたところから第三者的に状況を見つめ
る「注視者」の重要性も指摘されている（仲正，2009，pp. 204-215）。本アプ
ローチに基づく実践がその指摘に応えるとすれば，現実社会における文脈と
それに基づく動機，参加の中身が，一方向的なものだけではないことを確認
する必要がある。その社会（事象）への関わり方として求められているのは，
当事者的な市民か，注視者的な市民か，両方か。どちらを育成するための
（あるいは，両者を極とするグラデーションの中のどの位置の）学習を，学校・教
室の外の社会でも価値を持つように，単元中にどう配置していけばいいのか。
ここで齟齬が起こると，学習者の真正性はかえって損なわれてしまうかも知
れない。

　さて，以上のように見てみると，社会構成主義的なアプローチは現行の学
校教育課程の各境界を揺さぶる論点を持っていそうだ。大勝・藤森実践は共
に小学校における優れた実践で，さらなる可能性も期待されるが，「市民と
しての小学生」には何をどこまで求められるのか，上限はあるのか，私たち
大人とどこまで同じ市民として一括りにできるのかなど，各学校種で目標と
する市民像とは何かという問いを，改めて私たちに突きつけるだろう。その
目標を実現していく上で，既存の教育課程には見直さなければならないこと
も多い。大勝の挙げた内容の増加の問題は，学校外の価値につながる現代社
会のリアルな問題を考えるための内容と時間が，既存の教育課程には想定さ
れていないことを示唆しているし，藤森は一教科で実践していくことの難し
さを指摘している[6]。社会構成主義的なアプローチを"社会科教育として"
推し進めていくならば，学校内外でそのための体制を調整する必要がある。

⑶普遍主義的なアプローチに見る市民像

　このアプローチに当てはまるものとして，国際バカロレア機構が提供する教育プログラムである IB（International Baccalaureate）教育に注目する。その中のディプロマ・プログラム（DP，16歳〜19歳向け）の最終試験に合格すると，国際的に通用する大学入学資格が授与される点，IB 教育を実施するために認定校となる必要があるなど，制度的整備がなされている点に特徴がある。

　この特徴ゆえ，実態としては教師個人が自身の担当教科で IB 教育の理念を取り入れた実践を行う…といった形もあるだろうが，本来的には学校の教育課程全体に関わる組織的な取り組みとなっていく。そうしたこともあってか，現在蓄積されている IB 教育関係の論文，書籍等は先の⑴⑵のアプローチに比べて少ない。2023年5月現在，CiNii（NII 学術情報ナビゲータ）において，「バカロレア，社会科」と検索すると合計66件がヒットする。このうち論文は22件で，残り44件が科研費等のプロジェクトとして分類されている[7]。また，同様に「バカロレア，歴史」で検索すると，論文は24件，プロジェクトは12件がヒットする。そして「バカロレア，地理」は論文が8件でプロジェクトが1件，公民はプロジェクトのみ2件というように，分野によって総数に違いがあり，また「論文」の内訳は教科書や試験問題の分析が多い。教育実践の論文化，あるいは分析・考察の実践化が途上にあるという状況が考えられる。

　ここでは，IB 教育の歴史教育についての論考を中心に検討したい[8]。

① IB 教育における歴史教育の概要

　IB は，探究する人，知識のある人，考える人，コミュニケーションができる人，信念を持つ人，心を開く人，…など重視する人間性として10の人物像を挙げているように，全人的な教育を目指している。こうした IB 教育が注目を集める理由として，それが掲げる資質・能力育成型のプログラムが，

探究学習の推進や批判的思考力育成など今日の日本の教育改革の動向から見て有益なものとしていることが，複数の論考から読み取れる[9]。

　上記の人物像を基調とするDPプログラムは，知識の本質を追求し批判的思考力を養う知の理論（TOK：Theory of Knowledge）などのコアプログラムと，言語と文学，個人と社会，理科…などのグループに属する科目からなり，歴史は個人と社会のグループに含まれる。

　ではDP歴史の中身を見てみよう。資質・能力を育成するため，共通の学習方法のスキルとして，思考スキル，社会性スキル，コミュニケーションスキル，自己管理スキル，リサーチスキルの5つが示されている。このうち，DP歴史の「評価目標」を分析した橋本によると，特に「思考スキル」「コミュニケーションスキル」「リサーチスキル」が中心項目になっているという（橋本，2016, p.81）。科目によって重視されるものが異なるのである。これらはさらに，「批判的思考力　問題やアイデアを分析し評価するスキル」「転移　新しい関連を作り，そして，知識やスキル，理解を新しい状況に応用することで学習するスキル」などが設定されている。こうした分類，細分化は，UbDの「理解」や「知の構造」の発想と近いと言えるだろう。

　これらのスキルを駆使しつつDP歴史で学ぶ内容は，ステップ1として5つの「指定学習項目」から1項目を選択し（軍事指導者，征服とその影響，世界規模の戦争の動き…など）ステップ2として12の世界史トピックの中から異なる地域の2つの事例研究を選択する（社会と経済，中世の戦争の原因と結果，王朝と支配者…など）。ステップ3では，上級レベルは特定地域や国家の歴史に焦点を当てた18のセクションから3つを選択し（貿易と交流，日本の武家時代，東アジアと東南アジアの探検，貿易，交流…など），標準レベルは「歴史研究」として英語では2,200語，日本語では4,400字を上限とするレポートで，題材は自由である。このように，DP歴史は通史学習ではなく，内容をあるテーマ群からトピックを選択することでカリキュラムを構成することになる。また，そのトピックにおいても内容が指定されているが，例えば20世紀の戦争

の原因と結果では，イデオロギー，戦争の種類：内線，国家間の戦争，ゲリラ戦，領土変更…などの，いつ，どこで，何が起こったかといった歴史事象ではなく，歴史の捉え方に関わる概念的な言葉が挙がっている。

　紙幅の都合で具体を示せないが，コアプログラムのTOK内にも歴史があり，そこでは歴史とは何か，歴史という知はどのように生成されるか，自然科学とどう違うかといったことを追求する。

　以上のDP歴史の内容は，歴史事象そのものの理解を軽視しているように見えるかもしれない。特にDP歴史の内容について分析した次橋は，トピックは近現代史に偏っており，選択によっては自国史や古代史，中世史に触れないことも可能だと指摘している[10]。その一方で，評価問題では歴史事象を例に挙げて論じることが求められ，「概念，内容，スキルの相互関係」を基盤としている点も強調している。また，上記の歴史の捉え方を適用できる歴史事象ならば，自由に選択してよいとされている（次橋，2017，p.48）。

②普遍主義的なアプローチに対する社会科教科論からの考察

　IBのDP歴史に見える本アプローチの人文・社会諸科学の位置づけは，思考力などの資質・能力育成の点から行っていると言える。知識一般の理解のあり方，させ方を論じるUbDと，資質・能力育成を目指すIBの通教科的・汎用的な性格は似ているが，時代や地域の大枠と歴史の捉え方に基づく内容選択原理があることや，人文・社会諸科学そのものをメタ的に捉えさせ理解を深めることを求めている点に違いがある。

　子どもの興味・経験および学習活動の点では，IBはその性質上，先の(1)(2)のような学習者の置かれているリアルな状況，それに基づく動機については言及していない。この点については，IBは「児童生徒に自然な好奇心を発達させるために，探究・行動・振り返りを用いること」「児童生徒が自身の考えを発達させるのを支援するために概念学習に重点を置くこと」[23]（下線筆者）などと指導のアプローチとして述べているように，学習者の文脈や

既にある興味を生かすというより，IB 教育によってそれらを引き出すという発想なのかもしれない。IB プログラムは一定条件を満たしていれば多様性が認められており，外部評価の試験問題は選択できることからも，個々の学校現場の教師に委ねられている側面とも言えよう。

　現実社会との関わりで言えば，本アプローチは，自分たちの社会それ自体についての系統的な理解を求めていない点に特徴がある。DP 歴史で言えば，私たちは日本の中世や古代を学ばない選択があり得る。むしろ DP 歴史が重視しているのは，そうした各時代の各社会の捉え方と，それを獲得し働かせるための学習方法のスキルである。ここに，世界的な教育プログラムを推し進める IB が展望する市民像を読み取るとすれば，それは属する社会や共同体の共通の記憶や価値観に基づいてまとまる人々というよりも，共通の資質・能力や，自由や平等，博愛など普遍的（とされる）価値観を拠り所とする人々だと言える。そうした市民を育てる教育は，帰属する共同体の利害に引きずられがちな分断の時代を乗り越えるものとして期待を感じさせる。一方で，私が参加し，私に何かを求めてくる "この" 社会のリアルさの希薄化や「私は "この" 社会の一員なんだ」というアイデンティティのあり方に影響はないのだろうか。私という存在と，私が埋め込まれている「今，ここ」の社会との関係が，問題になりそうだ。

3．おわりに

　今日，社会の複雑化，多様化に伴って，予測不可能な事態に対応できる汎用的な能力が求められるようになった。また，学習者個人の学び方や学びの動機，学習者を取り巻く文脈・状況が重要視されるようになった。そして世界的に通用する人材像を模索する動きもある。しかし，私たちはそうした教育の潮流の，水面の変化――何をするか，どうするか――に気を取られたり追われたりして，その懐深くに横たわる市民像はどうなっているのか考えぬまま，コントロールしきれず結局流されてしまっている現状があるのではな

88

いか。

　そこで本稿のような考察を試みたわけだが，それは筆者だけがすべきことでも，一度誰かが考えを発信して終わりということでもないと考えている。市民像の“実相”は，本稿で取り上げた各アプローチの大元となる著作，論文等の原典・原著だけでなく，二次的，三次的に解釈がなされた各種文献，出版物によって，解釈が積み重なることで形成されていく。さらにそこに，私たちの議論を重ね広げていくことが，教育の潮流の中でも社会科教育研究・実践を自立的・主体的に行うことに繋がるのではないだろうか。

（後藤賢次郎）

註

（1）分析の視点として，安彦（2006），溝口（2010），後藤（2010）を参考にした。

（2）この点については，池野（2015）を参考にした。

（3）UbD においても，「どの重大な観念をあなたが採用すべきかについては，一切特定しない」（p.9）とあり，奥村・西岡（2020）による UbD の実践ガイドブックでも「本質的な問い」「永続的理解」の設定にあたって「子どものたちの実態を踏まえながら，学習指導要領や過去の授業研究などにあたるといった綿密な教材研究を行うことが重要」（p.17）と述べている。

（4）竹沢（2019）の文献の分類に基づく。

（5）「真正の教授法」スタンダードの3つの要素は論文・書籍によって訳が異なるが，ニューマンの真正の学力論の体系的な書籍の翻訳である渡部らの訳（フレッド・M.ニューマン，2017，p.59）を用いることにした。

（6）藤森は，「実践内で見られた主体的に社会に関わろうとする態度や，得られた見方や考え方が，参画意識や実生活に大きく影響したとは言えない」ことから，「カリキュラム構成原理の構築と教師のマネジメントの在り方」の検討を「社会科という枠に収まらず，教科横断的な視点から行なっていく（藤森，2022）」としている。

（7）「バカロレア，社会科」「バカロレア，歴史」「バカロレア，地理」「バカロレア，公民」のキーワードでの検索にあたって，これらの中で重複してヒットした論文等は内容から削除した。

（8）プロジェクトとしては広島大学の棚橋らによる先駆的な試み（広島大学教育ヴ

ィジョン教育センター HP）があるが，提案プラン等の配布・公開はその研究成果
報告会や学会におけるのみで，論文化，書籍化はなされていない。そのため，提案
プランの事実を示すことができないことと，読者のアクセスのしやすさの点から本
稿における分析対象からは除外している。

（9）例えば，半田（2020），大迫（2016），高橋・紙田（2022）から確認できる。

（10）なお，次橋のこうした指摘の背後には，「通史学習を過して，歴史の大きな流れ
をつかむこと，広い地理的・歴史的範囲の中で，繰り返されるいくつもの小さな法
則性に自ら気づき，概念理解を深めていくこともまた歴史を学ぶ意義であり面白さ
である」（次橋，2017，p.52）といった主張がある。

参考文献等

International Baccalaureate Organization（2013），*Theory of Knowledge Guide.*

G. ウィギンズ，J. マクタイ著，西岡加名恵訳（2012）『理解をもたらすカリキュラム
設計―「逆向き設計」の理論と方法』日本標準。

安彦忠彦（2006）「教育内容構成における三本柱と四本目」『改訂版　教育課程編成論
学校は何を学ぶところか』放送大学教育振興会，pp. 69-75。

石井英真（2022）『高等学校　真正の学び，授業の深み―授業の匠たちが提案するこ
れからの授業』学事出版。

池野範男（2015）「教科教育に関わる学問とはどのようなものか」『今なぜ，教科教育
なのか』文溪堂，pp. 99-102。

大勝祐介（2023）「小学校社会科における真正の学びの授業実践―明治から対象の歴
史を学ぶ意味に着目して―」『山梨大学教職大学院　令和4年度　教育実践研究
報告書』pp. 95-102。
（https://www.edu.yamanashi.ac.jp/tgs/4817/　2023年5月10日閲覧）

大迫弘和（2016）『アクティブ・ラーニングとしての国際バカロレア―「覚える君」か
ら「考える君」へ―』日本標準。

奥村好美，西岡加名恵編著（2020）『「逆向き設計」実践ガイドブック　『理解をもた
らすカリキュラム設計』を読む・活かす・共有する』日本標準。

後藤賢次郎（2010）「社会科の包括的説明枠としての「進歩主義」―エヴァンズとオチ
ョアの所論を手がかりに―」『社会科研究』第73号，pp. 31-40。

後藤賢次郎（2021）「Q3　他教科，今日課外活動との関係性について説明しなさい」
國分麻里，川口広美編著『新・教職課程演習 17巻 中等社会系教育』協同出版，
pp. 39-40。

高橋周平，紙田路子（2022）「国際バカロレア教育が学校教育改革に与える示唆　単元"Sharing the Plane（この地球を共有するということ）"の実践を通して」『岡山理科大学紀要』第58号B，pp. 63-76。

竹沢尚一郎（2010）『社会とは何か　システムからプロセスへ』中公新書，pp. 209-210。

次橋秀樹（2017）「国際バカロレアの歴史教育に関する一考察―DP科目「歴史」とTOK領域「歴史」に注目して―」『教育方法の探究』20巻，pp. 45-52。

仲正昌樹（2009）『今こそアーレントを読み直す』講談社。

西岡加名恵（2016）『教科と総合学習のカリキュラム設計　パフォーマンス評価をどう活かすか』図書文化。

橋本直賢（2016）「国際バカロレア・ディプロマ・プログラムの歴史教育―評価目標の分析からの一考察―」『早稲田大学大学院教育学研究科紀要　別冊』23巻2号，pp. 73-83。

半田淳子編著（2020）『国際バカロレア教員になるために　TOKとDP6教科の学びと授業づくり』大修館書店。

藤森啓太（2022）「小学校段階における市民育成―社会科における学びのホンモノ化へ向けた指導と評価から―」『山梨大学教職大学院　令和3年度　教育実践研究報告書』pp. 382-389。
（https://www.edu.yamanashi.ac.jp/tgs/4817/　2023年5月10日閲覧）

フレッド・M・ニューマン著，渡部竜也，堀田諭訳（2017）『真正の学び／学力　質の高い知をめぐる学校再建』春風社。

堀井健一（2016）「国際バカロレア・ディプロマプログラムの歴史のテキストブックの叙述の特徴からこれからの歴史教育を考える」『教育実践総合センター紀要』第15号，pp. 105-119。

溝口和宏（2010）「公民科教育の内容編成論」社会認識教育学会編『公民科教育』学術図書出版社，pp. 28-36。

渡部竜也（2019）『主権者教育論　学校カリキュラム・学力・教師』春風社。

渡部竜也（2022）「なぜウィギンズ式「逆向き設計」が知的な社会科授業を生み出せないのか？―授業づくりにおいて主権者育成を意識することの重要性―」『東京学芸大学紀要　人文社会科学系Ⅱ』73巻，pp. 1-16。

広島大学教育ヴィジョン研究センター「洋の東西を問わず，同じ土俵で議論をしてきたIB教育―自国史を超えた歴史教育のあり方を探る―」広島大学教育ヴィジョン研究センターHP（https://evri.hiroshima-u.ac.jp/international_baccalaureate_

cluster）（2023年 5 月 6 日閲覧）

非営利教育財団　国際バカロレア機構「プログラムの基準と実践要項」
　　（https://www.ibo.org/globalassets/new-structure/about-the-ib/pdfs/programm
　　e-standards-and-practices-ja.pdf）（2023年 5 月10日閲覧）

—— コ ラ ム ——

「本質」をめぐる原点回帰の動向

　学習指導要領の改訂の柱のひとつが「資質・能力の育成」とされ，日本でもアウトカム志向のコンピテンシー・ベースの教育の必要性が高まっている。その反面，教育現場では，依然として社会科教科書に記載された黒ゴチの重要用語をもれなく解説していく授業が行われていることを目にする。この両者のギャップは大きい。

　そこで，筆者はこのギャップを埋める可能性を，社会科教育における本質に関わる議論に求めたい。下掲の図は英国（イングランド）の Ofsted（Office for Standards in Education：教育水準監査局）が2021年に著した地理教育における研究動向についての文書のなかに掲載されているものである[1]。

　地名や統計，概念やスキルなどの「実体的な知識」の必要性は認めつつも，「学問的な知識（Disciplinary Knowledge）」を「地理の専門家が考えるような方法についての知見（Insights into the ways geography experts think）」と定義し，実体的な知識を関連づける紐帯として意義づけた。

　例えば，公園やそこに建立されているモニュメントなどは見えるものであり，実体的なものであるが，地理教育の本質は実体的な事象を学んでいくことではなく，むしろ見えないことにある。それが専門家（例えば地理学者）の思考方法で

Substantive knowledge

Locational knowledge
For example: name and locate locations; positioning systems

Place knowledge
The connection of location and physical and/or human geography processes with personal experience

Environmental, physical and human geography
For example: migration; glaciation; climate change

Geographical skills and fieldwork
For example: using maps and globes; collecting first-hand evidence

Disciplinary knowledge
Insight into the ways geography experts think

図　地理教育における知識（Ofsted, 2021）

ある。

　その思考法のひとつとして「場所」の意味を探る方法がある。シルパ・タニ（ヘルシンキ大学）は学問的な知識を述べる論考でパリのレピュブリック広場を事例に，次のような多様な意味を挙げている[2]。意味1）この広場は，その名前も，広場の中央にあるフランス共和国の国章であるマリアンヌの像も，フランス革命にちなんでいる。意味2）現在はスケートボードの人気スポットとなっており，大きな地下鉄の駅があるため，市内の他の場所からもアクセスしやすい。意味3）2015年に起きた同時多発テロの後，この広場は多くの人々の弔いの場となった。

　広場は時代の流れの中でさまざまな役割を担ってきており，今でもパリンプセスト[3]的な意味がある。意味づけようとする主体（近隣の人々，若者，世界の人々）によって何を象徴するのかが変わる。レピュブリック広場の事例を通して，生徒たちが社会的空間について多角的で深い理解を得ることになる。

　学問的知識はどこにあるのか。それはパリのレピュブリック広場の名前を覚えたり，位置を同定することではなく，その広場の意味をあらゆる観点から考察しようとする手続きにあり，その知識は教科書や地理的事象にあるのではなく，学習者自身に内在するメタ的な概念である。

（伊藤直之）

注

（1）次のウェブサイトを参照。
　https://www.gov.uk/government/publications/research-review-series-geography（2023年6月1日閲覧）
（2）GeoCapabilities プロジェクト第2期におけるヴィネット例で確認した。現在では削除されている。
（3）パピルスや羊皮紙に書かれた文書で，以前に書かれたものを不完全に消し再利用したもの。

━━━━ コ ラ ム ━━━━

ゲートキーピング研究としての「テスト」・「評価文化」への着眼
―CART の国際的な教育評価プロジェクトを参照に―

　棚橋健治（2002）『アメリカ社会科学習評価研究の史的展開：学習評価にみる社会科の理念実現過程』（風間書房）に代表される通り，日本の社会科評価研究では，「テスト」という評価ツールを分析対象に設定し，テストの問題内容・構成，採点のための評価規準・基準に滲み出る「社会科観」「学力観」を解明し，社会科の本質を捉える方法論が提案されてきた。

　こうしたアプローチは，評価行為に備わるゲートキーピングの機能に注目している。すなわち，テストという限られた紙面上には，社会科教師が特に期待する市民像に対して，現状の子どもたちがどこまで近づいているか，このまま進級・進学・世の中に送り出して本当に良いのかを判断するための「焦点化された問い」が主体的・自律的に厳選されていると見る。棚橋（2002）の研究は，社会科教師の評価に関する意思決定に着眼した「ゲートキーピング研究としてのテスト分析研究」だったとも捉えることができる。

　ところで，現実はどうか。日本の学校現場で実施されている「定期テスト」や「パフォーマンス・テスト」は，教師の信念（社会科観・学力観・市民像）だけで構成されているわけではないだろう。むしろ，評価政策や大規模テストの制度との関連性（マクロな評価文化），教師自身の評価観やよく使用する評価ツールとの関連性（ミクロな評価文化）によって，教師の信念に反する「テスト」が開発されているケースも少なくないだろう。こうした社会科教師の評価に関する意思決定に影響を与える「評価文化」について，実証的に解明するといったゲートキーピング研究が近年国際的に実施されている。

　Classroom Assessment Research Team（CART）主催の国際的な教育評価プロジェクトでは，評価文化を構築する教師の「評価リテラシー」が以下の表で示す枠組みとして開発されている。そして，アメリカ（227名）・中国（250名）・カナダ（233名）の教師を対象に，「評価リテラシー」の各項目へのコミットメントを量的調査し，「教師中心主義の評価者（5.9％）」「生徒中心に躊躇する評価者（4.8％）」「中程度の生徒中心の評価者（29.7％）」「生徒中心主義の評価者（33.7％）」「あらゆる評価に熱心な評価者（25.9％）」という5つの教師タイプを見出している（詳細は以下の引用文献参照）。こうした知見を参照し，社会科教師を取り巻く評価文化の種類や影響力を調査してみたい。

表　教師の「評価リテラシー」

「評価」の次元	学習の評価	学習者の学びの到達点を総括し，学習目標の達成度を評点として判断するために教師が評価情報（証拠）を使用する。
	学習のための評価	教師と学習者が学習目標への進捗状況をフィードバックするために評価情報（証拠）を使用する。すなわち，次の指導や学習に向けたステップを通知する。
	学習としての評価	教師によるフィードバックや学習経験の提供を受けて，学習者は，どのように学べば良いか考えることに焦点を当て，メタ認知能力や学習スキルを身につける（例：自己評価，目標設定，学習計画）。
評価過程	設計	学習目標に関連して学習者の学びの事実を測定する信頼性の高い評価方略や評価ツールの開発に焦点を当てる。
	活用・採点	評価設計に対応する採点手順・指標の調整と活用に焦点を当てる。
	コミュニケーション	学習者や保護者へ評価結果の解釈とフィードバックを与えて対話する方法に焦点を当てる。
公正な評価	標準性	すべての学習者のための公正公平な評価手順・指標を開発する。
	公平性	特別なニーズを持つ学習者（例：特別支援対象者や外国語話者）のための評価手順・指標を個別に設定する。
	個別最適化	学習者一人ひとりのユニークな学習ニーズと目標に対応するために，学習機会と評価を個別に調整する。
評価実践理論	一貫性	評価ツール間，期間，教師間の結果の一貫性を確保するように努める。
	文脈性	測定しようとしていること（学習目標など）を確実に測定し，結果の妥当な解釈を促進するように努める。
	バランス	測定しようとするものを測定する一貫性，測定すると主張するものを正確に測定している度合いを保証する。

（引用：DeLuca, C., Rickey, N. & Coombs, A. (2021). Exploring assessment across cultures: Teachers' a pproaches to assessment in the U. S., China, and Canada, *Cogent Education*, 8 (1), p. 10. 本事業の概要は HP【https://www.cdeluca.com】（最終閲覧日：2023年5月24日）に掲載。）

（玉井慎也）

第Ⅱ章　国内・調査

構想まで重視の開発研究の授業に対し，社会科教師は如何なる実践意識をもつのか？

1．問題意識と目的

　筆者はこれまで「社会的意思決定批判学習としての授業」の重要性を論じ，授業開発研究を進めてきた[1]。この授業は，教科としての専門性を重視しつつ，社会を形成する公民としての知的な資質・能力を大きくカヴァーする領域の育成をねらいとする。授業の内容は社会形成に関わる論争問題で，他所や過去の社会で見られた論争問題への意思決定の批判的考察を行い，そのうえで此処や現在の同様の論争問題に対する自律的構想として意思決定・主張を行う授業である。

　社会系教科の授業を学習活動・段階に注目して分類すると，「情報獲得まで重視」，「考察まで重視」，「構想まで重視」，「社会的実践まで重視」に分類でき（土肥，2023 a），社会的意思決定批判学習は「構想まで重視」である。2000年代以降の授業開発研究をみると，社会的意思決定批判学習のような社会問題を扱う「構想まで重視」の授業が多く見られるが（土肥，2023a），中等段階でこうした授業が広く普及・拡大しているとは言い難い。

　こうした状況を問題ありと捉え，本稿では教師の授業実践への意識に関する事例研究を行う。構想まで重視の社会的意思決定批判学習など，各種授業の実践を観察した教師へのインタビュー調査を通じ，「構想まで重視の開発研究の授業に対し，教師は如何なる実践意識を持ち意味づけるのか」を実証的に明らかにすることをめざす。

　開発研究の授業に対する教師の実践意識の実証的研究は進んでいない。これは従来の開発研究が教師について，「よい授業を提示すれば，教師が変わ

り授業は変わる」という暗黙の了解にもとづき進められたためだろう[2]。こうした現状に対し，本稿は教師へのインタビューにもとづく質的データを分析し，構想まで重視の社会的意思決定批判学習に対する個々の教師の実践意識にもとづく意味づけと，そのように意味づけた文脈とのつながりから，意味づけの様々なタイプを見出す。そして分析結果を考察し，教師の実践意識に関する仮説を生成し，さらに授業の普及・拡大に向けた検討も行う。

　先行研究をみると，近年は構想まで重視されることが多い社会問題学習に関し，教師についての実証的研究が見られる（岩崎，2016；Misco et al.，2018；西村，2019；吉田，2022）。本稿は，教師の実践意識についての質的研究を行うもので，Misco et al. の研究との類似性が大きい。本稿の独自性は，開発研究の授業についての調査であること，そして実践意識について各々の授業観の語りの中から捉えることである。

　ここでは各教師の授業観の語りを重視した分析を行うが，授業観や教科観などに関する先行研究も，21世紀に入って見られる（久保田，2007；川口，2010；草原，2012；村井，2014；岡島，2018）。本稿は授業観にもとづく教師の判断に注目する点で，川口や草原の研究に近い。本稿の独自性は，開発された授業に対する判断・意味づけに注目した研究とすることである。

2．研究方法

　授業実践は，中核市の郊外で住宅団地の中にある市立中学校第3学年の教室（生徒数33人）で行った。その教室の社会科教科担任は20代の若手教師Xで，普段の授業は教科書の内容確認を重視しているとし，インタビューでも「知識がメインの授業をしている」と述べている。

　実践した授業は筆者が開発した，「構想まで重視」の社会的意思決定批判学習としての授業のほか，「情報獲得まで重視」の授業，「考察まで重視」の授業で，それぞれ1時間ずつ，筆者自身が次のような小単元を実践した。

　「情報獲得まで重視」は，地理学習の小単元「韓国と北朝鮮」を実践した。

ねらいは社会を知ることで，韓国と北朝鮮の人口，面積，産業など情報レベルの知識習得《知識》，各地の情報を知るための基礎的技能育成《スキル》，各地の正確な情報を知ろうとする知的態度育成《情意》までをめざした。

　「考察まで重視」は，地理学習の小単元「重工業地域」を実践した。ねらいは社会が分かることで，重工業立地の法則と関連づけられた理解レベルの知識習得《知識》，重工業立地の具体的な事実，立地因子に関する具体的な事実，抽象的な立地の法則，これらの具体的な諸事実や抽象的な法則を結び付けて分かる思考のスキル育成《スキル》，産業立地について妥当な考察を行い科学的に分かろうとする知的態度育成《情意》までをめざした。

　「構想まで重視」は，地理学習の小単元「原発政策」を実践した。ねらいは，社会問題が分かり，自分で捉え社会形成に関われるようにすることである。各国での原発推進可否の社会的意思決定について，社会状況や社会的価値などと関連づけられた理解レベルの知識を習得し，その知識を日本についての考察や構想・意思決定の際に使い，実用レベルの知識とする《知識》。スキルは，他所での可否の決定の事実，社会状況の具体的な事実，抽象的な説明的知識や価値的知識，これらを結び付けて分かり，それとは異なる種類の決定（別の他所での決定）も同様に分かり，以上を踏まえ此処について自律的に捉え意思決定する思考・判断のスキル育成までをめざした《スキル》。そして，意思決定まで行うことで，社会形成への実践意識育成までをめざした《情意》。小単元「原発政策」の授業展開過程を表1に示す。

　本稿でのデータ収集と分析の手続きの概略を示したものが図1で，具体的には次のように進めた。

　第1は，中学校での3種類の授業（計3時間）の筆者による実践である。

　第2は，3人の教師等X，Y，Zへのインタビュー調査である。Xは協力校の若手教師，Yは次年度に中学校教師となる大学院生，Zは元高校教師で校長などを歴任し現在は大学教員である。この3人に協力依頼したのは，3時間の授業全て観察していたためで，大学の教室や研究室で1人ずつ半構造

表1 　小単元「原発政策」の授業展開過程の概略

発　　問	学習内容
MQ：今後，日本は原発政策をどうすべきか。	（推進かそうでないか，事前の意思決定をする）
SQ1：各国は，発電をどのようにしているか。	
・各国の発電は，どのような特色があるか。	・（データより）各国で特色ある発電をしている。
・原子力発電に関し，特色ある国はどこか。	・フランスは原発中心で，イタリアは原発ゼロである。
SQ2：1970年代以降フランスは，なぜ原発推進政策を進めたのか。	（予想する）
・1970年代にどのような状況，理由で進めたのか。どのような価値に基づいた決定か。	・石油危機があり，安定したエネルギー供給が求められた。国内経済の安定・発展がめざされた。
・原発は本当に国内経済の安定・発展に結びつくのか。	・放射能に関わる維持・管理等や事故時を考えると，コスト高で不安定ともいわれる。
・1980年代以降，上記のこと以外で，原発を推進した状況，理由，価値は何か。	・酸性雨や温暖化が注目され，原因物質の排出削減が求められた。地球環境の保護がめざされた。
SQ3：1987年以降イタリアは，なぜ原発推進政策を見直したのか。	（予想する）
・1987年頃どのような状況，理由で見直したのか。どのような価値に基づいた決定か。	・チョルノービリ原発事故があり，放射能汚染の危険をなくすことが求められた。人々の健康・安全の保障がめざされた。
・原発は本当に人々の健康・安全を脅かすのか。	・マスコミによる危険性の誇張が指摘される。自動車事故など他の危険と比較した場合の，数的感覚の欠如も指摘される。
MQ：今後，日本は原発政策をどうすべきか。　発電方法の変化，化石燃料の価格の推移，福島原発事故の新聞記事も見て意思決定し，決定の理由も述べよ。	・日本は水主から火主となり，原発は一時30％を占めたが事故後は大半が火力となった。化石燃料の価格は21世紀に高騰し不安定。原発事故で多くの人々が各地に避難。以上も踏まえ意思決定する。
■他者の意思決定への疑問・反論を述べ，そして他者からの疑問・反論への回答・反論を述べよ。	

（筆者作成）

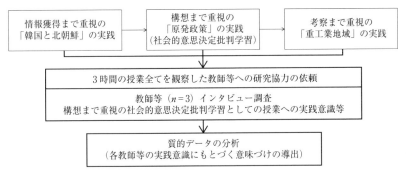

図1　教師等の実践意識の調査　データ収集と分析の手続き　（筆者作成）

化インタビューを行った。内容は，3種類の授業実践の感想，中等段階の社
会系教科授業についての自身の考え，社会問題学習に対する理解と意識，構
想まで重視の社会的意思決定批判学習に対する評価と実践意識とした。なお
インタビュアーの筆者が，社会的意思決定批判学習が今後重要になると考え
ていることを伝えている。記録は許可を得て録音し，逐語記録を作成した。

　第3は，インタビューで得た質的データの分析である。分析方法はナラティ
ヴアプローチの枠組みを参考にし，その中でも個人を意味生成の主体とし，
意味づけと語りとの密接な関係を強調したやまだようこ（2000）など発達心
理学研究の方法を特に参考にした。実際の分析では，意味づけと文脈を明確
にしてこれらのつながりを示すことをめざし，質的コード化の手法（Coffy
& Atkinson, 1996）を用いた。

3．結果

(1)分析

ア．「社会的意思決定批判学習に対する意味づけ」の分析カテゴリー

　「社会的意思決定批判学習に対する意味づけ」は，「構想まで重視の社会問
題の授業の困難さ」，社会的意思決定批判学習について「実践した授業への
評価」と「望ましい位置づけ」の語りより捉えた。質的データにラベルを与

えてコード化し，ラベルを比較しカテゴリーを生成した。

「構想まで重視の社会問題の授業の困難さ」は，①「教師の問題」とその下位カテゴリー（「能力の問題」，「多忙の問題」，「意識の問題」），②「受験対応の問題」とその下位カテゴリー（「授業時数不足」，「生徒の意欲の問題」），③「政治的中立の問題」を分析カテゴリーとした。

「実践した授業への評価」は，①「批判的考察と自律的構想ができる授業」，②「学習・授業の取り組みやすさ」とその下位カテゴリー（1時間で実践したことなどによる「生徒の取り組みやすさ」，政治的中立の問題が生じにくい「教師の取り組みやすさ」）を分析カテゴリーとした。

「望ましい位置づけ」は，①「社会的意思決定批判学習の拡大」と拡大の程度より区分される下位カテゴリー（発展的に「単元末などで行う授業」，現在求められる「大きく拡大すべき授業」）を分析カテゴリーとした。

イ．「授業観についての語り」の特徴を捉えるための分析の観点

「社会的意思決定批判学習に対する意味づけ」を除いた語りについては，各々の「授業観についての語り」として分析を行った。

3人の語りから5つの分析の観点，「社会系教科授業の主なねらい」，「主とすべき授業・学習活動」，「様々な学習活動の位置づけ」，「受験対応」，「生徒観」を生成し，次に語りと照らし合わせながら特徴を捉えるための具体的分析法を抽出した。表2に，5つの観点の具体的分析法を示す。

ウ．語りの分析による実践意識・意味づけのタイプの導出

アとイにもとづき語りの分析を行った。分析は1人ずつの語りを分析し，教師間の比較も行い特徴を抽出した。そして，教師等ごとに意味づけとそう意味づけた文脈とのつながりから，意味づけのタイプを導出した。

表2　「授業観についての語り」の特徴を捉える分析の観点と分析方法

分析の観点	具体的分析法
社会系教科授業の主なねらい	授業で大切にし，基本としていることをどう語っているか。
主とすべき授業・学習活動	どのような授業・学習活動を強く肯定的に語っているか。
様々な学習活動の位置づけ	様々な学習活動に対し，それぞれどう評価しながら語っているか。
受　験　対　応	受験対応について，どう位置づけて語るか。又は語らないか。
生　徒　観	生徒の授業への期待について，どうイメージして語るか。生徒への質問紙調査の結果に対し，どのような感想を持ち語るか。

（筆者作成）

⑵分析結果

　教師等の実践意識にもとづく「社会的意思決定批判学習に対する意味づけ」の特徴と「授業観についての語り」の特徴より，意味づけの3つのタイプを得た。表3に，3人から得た意味づけタイプの概要を示す。

　「社会的意思決定批判学習に対する意味づけ」は，教師等ごとにカテゴリーを総合して捉え，「発展的学習として時々行うべき授業」（X，Yより），「社会系教科で現在求められている授業」（Zより）とした。

　「授業観についての語り」は，教師等それぞれの分析の観点からの特徴や特徴の組み合わせを確認していくと，「様々な学習活動を重要としつつ，受験に対応し社会を知るための情報獲得を優先すべき」（Xより），「様々な学習活動を重要としつつ，社会が分かるための考察を特に重視すべき」（Yより），「公民的資質・能力育成のため，社会問題・社会形成に関われるようにする考察や構想を重視すべき」（Zより）という特徴を有するものであった。

　以下ではそれぞれの特徴を具体的に述べ，意味づけと語りのつながりより意味づけのタイプを示す。インタビューのデータは，ある程度整文して示す。

表3　社会的意思決定批判学習に対する教師の3つの意味づけタイプの概要

	「社会的意思決定批判学習に対する意味づけ」の特徴（該当する分析カテゴリー）	「授業観についての語り」の特徴
タイプ1（若手教師Xより）	**「発展的学習として時々行うべき授業」** 構想まで重視の社会問題の授業の困難さ ・「教師の問題－能力の問題」 ・「受験対応の問題－授業時数不足／生徒の意欲の問題」 実践した授業への評価 ・「批判的考察と自律的構想ができる授業」 ・「取り組みやすさ－生徒の取り組みやすさ」 望ましい位置づけ（社会的意思決定批判学習） ・「授業の拡大－単元末などで行う授業」	【ねらい】社会の諸事象を知ることができるようにする（将来における知識活用に期待） 【主とすべき授業】情報獲得まで重視の授業 【様々な学習活動】普段の授業で考察も必要／構想は時々，社会的実践は年1回でよい 【受験対応】最優先で取り組むべき 【生徒観】生徒は情報獲得やテスト対応を重視した授業を主に期待 ●様々な学習活動を重要としつつ，受験に対応し社会を知るための情報獲得を優先すべき
タイプ2（院生Yより）	**「発展的学習として時々行うべき授業」** 構想まで重視の社会問題の授業の困難さ ・「教師の問題－能力の問題／*多忙の問題*」 実践した授業への評価 ・「批判的考察と自律的構想ができる授業」 望ましい位置づけ（社会的意思決定批判学習） ・「授業の拡大－単元末などで行う授業」	【ねらい】社会の諸事象が分かるようにする 【主とすべき授業】考察まで重視の授業（科学的説明が理想） 【様々な学習活動】情報獲得まで重視の授業も重要／構想は時々，社会的実践は年2回でよい／社会的実践は形式的活動化の懸念 【受験対応】（語りなし） 【生徒観】生徒は考察して分かる授業を期待 ●様々な学習活動を重要としつつ，社会が分かるための考察を特に重視すべき
タイプ3（元教師Zより）	**「社会系教科で現在求められている授業」** 構想まで重視の社会問題の授業の困難さ ・「*政治的中立の問題*」 ・「*教師の問題－意識の問題*」 ・「*受験対応の問題－授業時数不足*」 実践した授業への評価 ・「批判的考察と自律的構想ができる授業」 ・「取り組みやすさ－教師の取り組みやすさ」 望ましい位置づけ（社会的意思決定批判学習） ・「授業の拡大－大きく拡大すべき授業」	【ねらい】公民的資質・能力育成として，社会問題・社会形成に関われるようにする 【主とすべき授業】考察まで重視の授業（ただし科学的説明は教材を選ぶ），構想まで重視の授業 【様々な学習活動】社会的実践は基本的に「総合」で行うが，今後は教科も一部導入すべき／社会的実践は形式的活動化の懸念 【受験対応】進学校では意識する必要あり 【生徒観】生徒は社会問題への構想まで行う授業も期待／生徒は難しいことを分かりたい ●公民的資質・能力育成のため，社会問題・社会形成に関われるようにする考察や構想を重視すべき

※*斜体*は一般論として語った内容。　　　　　　　　　　　　　　　　（筆者作成）

ア．若手教師Ｘより得られる意味づけのタイプ（タイプ１）について

（ア）「社会的意思決定批判学習に対する意味づけ」の特徴

・構想まで重視の社会問題の授業を実践する困難さについて，開発時に「子供たちがはまってくれるようなネタを探すのが難しい」，実践時に「教師がまとめきれない」など，教師の「力量不足の問題」が語られている《「教師の問題－能力の問題」》。そして，「入試を意識させないといけない」，「授業時数もキツキツ」と語り，受験に関わる困難さを挙げる《「受験対応の問題－授業時数不足」》。さらに，「入試に出ないことをする必要があるのかみたいな，そういう意識を持たれてしまう」と語っている《「受験対応の問題－生徒の意欲の問題」》。

・実践した社会的意思決定批判学習の授業の評価は，「子供たちがしっかり考える，得た情報を使って考える」，「ただ単に二つの選択肢から選択するのではなく，理由や根拠を持って」選択すると肯定的に語る《「批判的考察と自律的構想ができる授業」》。１時間で考察から構想まで行ったことで「あれだけの盛り上がりになった」，教室に「そのタイプが一番合ってた」と語る《「取り組みやすさ－生徒の取り組みやすさ」》。

・社会的意思決定批判学習の望ましい位置づけは，「単元の最後にパフォーマンス課題として意思決定をさせたり」と語り，単元末の発展的学習として位置づけている《「授業の拡大－単元末などで行う授業」》。

（イ）「授業観についての語り」の特徴

・「知識・情報をやはりしっかり与えて，中学校出た後やいろんな場合にその知識を活用できるように」という語りから，将来の知識活用に期待しつつ，中学校での授業は社会の諸事象を知ることができるようにすることを主なねらいとする。

・「１（「韓国と北朝鮮」）のような知識がメインの授業をしている」，「知識中心の学習を徹底的にさせたい」と語り，情報獲得まで重視の授業がメインとなるべきとする。

・情報獲得ばかりでは「なかなか子供たちの顔が上向かない」，「テスト専用みたい」と課題も感じている。改善策は考察を増やすとし，「重工業地域」の授業に対し「なぜこう変化していくのかなど仕組みでああやって押さえると…（略）…丸暗記という認識がとれる」，「うまく説明ができて，子供たちが，ああなるほどとなれば，これがまた実際楽しそうだった」と語る。構想は時々，社会的実践は「１年１回」程度できたらよいとする。実践意識に違いはあるが，様々な学習活動の重要性を認めている。

・受験対応は、「公立の中学校に勤めていて思うのは、最低限入試を意識した知識を入れないといけない」と語るなど、最優先で取り組むべきとする。

・生徒への質問紙調査[3]での結果に対し、「一定数は知識を得たい、教養を身に付けたいと思ってくれてるんだ」、「意外と逆に少なかったと思ったのは、テストでいい点が取れるようになるということ」と語り、生徒は情報獲得やテスト対応の授業を重視しているとイメージしていることが分かる。

（ウ）若手教師Xが示す意味づけのタイプ

　「社会的意思決定批判学習に対する意味づけ」では、社会問題学習の様々な困難さが多く語られる一方、社会的意思決定批判学習の授業実践に対しては知識の活用などを肯定的に評価する。その位置づけは、単元末などで行うのがよいとする。「授業観についての語り」では、様々な学習活動を肯定するが、社会を知るための情報獲得まで重視の授業の重要性、受験対応優先を強調した語りとなっている。

　こうした意味づけは、様々な学習活動を重要としつつ、受験に対応し社会を知るための情報獲得を優先すべきことが語られる語りにおける、様々な困難を考える中で「発展的学習として時々行うべき授業」としての意味づけ、と特徴づけられる。

イ．院生Yより得られる意味づけのタイプ（タイプ2）について

（ア）「社会的意思決定批判学習に対する意味づけ」の特徴

・構想まで重視の社会問題の授業を実践する困難さについて、「分からせるための手立てを知らない」と語る《「教師の問題－能力の問題」》。一般論として「忙しさ、あと教材研究とか…（略）…に時間かけられない」と語る《「教師の問題－多忙の問題」》。

・実践した社会的意思決定批判学習の授業の評価は、「他国の政策を客観的に見ることで…（略）…生徒が自由に考察でき」、「日本だけ見るよりも、なんか視野が広がった感じで」と肯定的に語る《「批判的考察と自律的構想ができる授業」》。

・社会的意思決定批判学習の望ましい位置づけは、「考察したことを、たまに意思決定に、構想に活用できたら」、「単元末とか、大きな単元の最後にやる」と語り、発展的学習として位置づける《「授業の拡大－単元末などで行う授業」》。

（イ）「授業観についての語り」の特徴

・「知識を活用して社会を分かっていく…（略）…考察をしっかりやっていく授業が大切」と語り、社会の諸事象が分かるようにすることを社会科授業の主なねらいとする。

・「3つめ（「重工業地域」）の科学的な構造の理解というのは，僕の中で理想の社会科授業だと思います」，「科学的まではいかなくても，しっかり考察を行っていく」べきと語り，科学的説明を理想とし，考察まで重視の授業がメインになるべきとする。

・「1番（「韓国と北朝鮮」）の知識をしっかり押さえる授業も大切」と語り，情報獲得まで重視の授業も重要とする。構想は時々，社会的実践については「年に2回ぐらい」とする。社会的実践に関しては必要性を認めつつ，「中学生がどこまで本気になって授業で取り組むか」，「一応形式としてはやったけど，なんか形式だけ…（略）…社会参画型の授業をしただけになってしまう」など，形式的な活動に陥る危険性を指摘する。トータルでは実践意識に違いはあるが，様々な学習活動の重要性を認めている。

・受験対応に関する語りはなかった。

・「重工業地域」への生徒の関心の高さを指摘し，「やっぱり「こうなんだ」…（略）…「分かった」となる授業というのは，すごく生徒にとって求める授業」と語り，生徒は考察して社会が分かる授業を期待しているとイメージしていることが分かる。

（ウ）院生Yが示す意味づけのタイプ

　「社会的意思決定批判学習に対する意味づけ」では，社会問題学習の困難さで教師の問題が語られる一方，社会的意思決定批判学習については広い視野からの考察や構想などを肯定的に評価する。その位置づけは，単元末などで行うのがよいとする。「授業観についての語り」では，様々な授業の在り方を肯定するが，社会が分かるための考察まで重視の授業の重要性を強調した語りとなっている。

　こうした意味づけは，様々な学習活動を重要としつつ，社会が分かるための考察を特に重視すべきことが語られる語りにおける，授業開発の困難さがある中で「発展的学習として時々行うべき授業」としての意味づけ，として特徴づけられる。

ウ．元教師Zより得られる意味づけのタイプ（タイプ3）について

（ア）「社会的意思決定批判学習に対する意味づけ」の特徴

・構想まで重視の社会問題の授業を実践する困難さは，「政治的な中立が求められる中で，何をもって中立とみなすのかというところで意見がいろいろある」と語り，その後に困難さを語っている《「政治的中立の問題」》。自身は授業の際「自分の考えを先にぶつけてという方法」もしており，生徒は「それが全ての人の考えではないという前提に立ってくれていた」とする。また，一般論として教師の意識で「価

値判断させることが今の高校生とか中学生にとって必要なのかどうか…（略）…先送りでいいんじゃないのか」と考える教師が多いとする《「教師の問題—意識の問題」》。一般論としては受験対応で「入試に向かってどうしていくのかが問われているので，そこを考えた時にはやはり時間的な余裕から考えると，こういう授業をふんだんに取り入れていくことには消極的な教員が多い」と語る《「受験対応の問題—授業時数不足」》。

・実践した社会的意思決定批判学習の授業の評価は，「理解を…（略）…深めさせる意味で色々考えを書かせているんですけど，そういう意味では本当に重要な…（略）…政策判断につながる授業」と肯定的に語る《「批判的考察と自律的構想ができる授業」》。政治的中立に関し「日本が関わるか」が困難さに影響するとし，「こういうふうに諸外国の事情をしっかり見極めた上で，我が国はどうするんだ，それを自由に考えさせるということに関しては，少し敷居が低くなる」，「社会科教員の立ち位置からすると，やりやすい形の授業」と語る《「取り組みやすさ—教師の取り組みやすさ」》。

・社会的意思決定批判学習の望ましい位置づけは，「今から先は，多分こういったタイプの授業を各学校実施されるべきなんだろうと思う」，「どんどんやってこれから拡げていかなければという授業の一つ」と語り，現在求められている授業として位置づけている《「授業の拡大—大きく拡大すべき授業」》。

（イ）「授業観についての語り」の特徴

・社会系教科は「公民教育」が基本で「社会が抱えている課題であって，問題と結び付いている」学習，「考えさせていくこと」や「価値判断」の重要性を指摘し，公民的資質・能力育成として社会問題・社会形成に関われるようにすることをねらいとする。

・かつて授業していた時は「2番目（「原発政策」）と3番目（「重工業地域」）のような授業を主に濃くしてやってきた，ただ結構主導的にこっちが導いてやってきた」と語り，構想まで重視や考察まで重視の授業が多かったとする。科学的説明の考察に関しては「題材がきちんとそれに合うかどうかっていう問題が多分ある」と語る。

・社会的実践について「教科では外に出ていかない」，「きちんと切り分けている」とし，総合的な学習の時間や特別活動で行うとする。ただし，今後は「カリマネの最終形として…（略）…学校が学びを求め積極的に出かけていくっていうスタイルができれば，やっていくべきだろう」と語り，教科での一部導入も考えている。しかし，「それが充実してくると，上辺だけの学習になり過ぎていないか」など，形式的な活動に陥る危険性も指摘する。

・受験対応に関しては「私はほぼほぼ進学校っていうところで，大学入試を意識した授業をやってきた」と語り，その授業が意味あるものとなるよう「考えさせてそこに興味関心をひきつけ」たり，「社会の問題と結び付け」たりしてきたと語る。

・「原発政策」への生徒の関心の高さを指摘し，「「この授業非常にいいなあ」と言ってる子が結構たくさんいる」と肯定的に語り，考察や構想への期待の高さについて「今求められている社会科の授業とされているものが，正に子供たちも必要としている」と語り，生徒は構想まで重視の社会問題の授業も期待しているとイメージしていることが分かる。生徒は知的成長を望み，難しいことを「逆に欲している」と語る。

(ウ)　元教師Ｚが示す意味づけのタイプ

「社会的意思決定批判学習に対する意味づけ」では，社会問題学習の困難さで政治的中立に関わる問題が主に語られる。一方，社会的意思決定批判学習についてはこの問題を生じさせにくく，社会問題に対し構想まで行うことなどを肯定的に評価し，大きく拡大すべきと語っている。「授業観についての語り」では，公民的資質・能力育成を強く意識し，社会問題への考察や構想を強調した語りとなっている。

元教師Ｚが示すこのような意味づけは，公民的資質・能力育成のため社会問題・社会形成に関われるようにする考察や構想を重視すべきことが語られる語りにおける，「社会系教科で現在求められている授業」としての意味づけ，として特徴づけられる。

4．考察

図2は，社会系教科授業を学習活動・段階に注目して分類し，各授業で育成できる資質・能力を示し，そして教師のタイプ1～3のそれぞれが考える社会系教科授業でめざすべきラインを示したものである。以下，各タイプについて，そして3タイプを通して考察し，教師の実践意識に関する仮説を生成する。さらに，開発研究の授業の普及・拡大に向けた検討を行う。

ア．タイプ1

タイプ1は，社会系教科の授業で育成する資質・能力を大きく限定して考えるタイプである。構想まで重視の社会的意思決定批判学習に対しては，考察や構想の充実や生徒の取り組みやすさなどを肯定的に評価しつつ，発展的

学習活動・段階	育成できる資質・能力（どこまで育成できるか）			教師の実践意識
	知識	スキル	情意	
情報獲得まで重視の授業	情報レベル 知った知識 （知的な知識）	基礎的リテラシー 教科の見方にもとづき 知るための技能	知的態度 知ろう	
考察まで重視の授業	理解レベル 分かった知識 （知的な知識）	思考のスキル 教科内容と思考方法が 結び付いた教科専門的な 思考のスキル	知的態度 分かろう	教師タイプ1 - - - - 教師タイプ2
構想まで重視の授業	実用レベル 使った知識で 知的な知識	思考・判断のスキル 教科専門的な思考・判断， 教科横断的な議論や合意等 のスキル	実践意識 捉え関わろう	教師タイプ3 ↓ 社会系教科授業 での発展的学習
社会的実践まで重視の授業	実用レベル 経験的な知識 で実践の知識	社会的スキル コミュニケーション， コラボレーション， マネジメント等のスキル	実践意志 働きかけよう	

図2　教師が考える社会系教科授業がめざすべきライン　　（筆者作成）

学習として時々行うべき授業と意味づける。普段の授業は，これまで自身が重視し実践してきた，受験に対応した情報獲得まで重視の授業がメインであるべきとする。なお，タイプ1の図中のラインは，考察の場面を増やそうとしていることを考慮した。

　タイプ1は，開発研究が前提としてきた教師，すなわち「開発者がよいとした授業を肯定し，積極的に受け入れる教師」の典型とは言えない。授業に肯定的でも，普段から大きく受け入れようとはしていない。

　その理由に関して，分析結果より2つの仮説が考えられる。1つめは，教師が持つ授業観は強固で，他者による授業提示や他者の授業実践の観察で容易に大きく変わるものではないことである。2つめは，開発研究の授業の困難さとして，教師（自身）の能力の問題，受験対応の問題を考える場合は，積極的な受け入れに結び付きにくいことである。

イ．タイプ2

　タイプ2は図中のラインが一段下がり，めざすべきラインを考察まで重視の授業までとする。構想まで重視の社会的意思決定批判学習に対しては，考察や構想の充実を肯定的に評価しつつ，発展的学習として時々行うべき授業と意味づける。普段の授業は，これまで自身がめざすべきとしてきた，社会が分かるための考察まで重視の授業をメインにしたいとする。

　タイプ2も，開発研究が前提としてきた教師の実践意識の典型とは異なる。授業に肯定的でも，普段から大きく受け入れようとはしていない。

　タイプ1も踏まえ考えられる仮説は，授業観の違いに関わらず教師が持つ授業観は強固だということ。そして，授業の困難さで教師（自身）の能力の問題を考える場合，その授業の積極的な受容には結び付きにくいことである。

ウ．タイプ3

　タイプ3は図中のラインがさらに一段下がり，めざすべきラインは構想まで重視の授業までで，筆者がめざすラインと重なる。構想まで重視の社会的意思決定批判学習に対し，考察や構想の充実，そして政治的中立に関わる教師の取り組みやすさなどを評価し，現在求められる授業として大きく拡大すべきと意味づける。ただし，筆者と同様に教科横断的な議論や合意等のスキルなどは強調しておらず，この点を図中のラインにも反映させた。そしてこのタイプは，普段から公民的資質・能力育成を意識して社会問題・社会形成に関われるようにする考察や構想まで重視の授業を実践してきたとする。

　タイプ3は，開発研究が前提としてきた教師に期待する実践意識と言える。ただし，その授業観は，授業の開発者である筆者の授業観と元々大きく重なっており，開発研究の成果により大きく変わったわけではない。

　タイプ1・2も踏まえ，そしてタイプ3が経験豊富な元教師から得たものであることも踏まえて考えられる仮説の1つめは，開発研究が前提としてきた教師とは，開発研究の授業を受容しても自身の授業や授業観を大きく変え

ることにならない教師が該当するということ。2つめは，授業の困難さとしての政治的中立の問題は，教師の能力の問題などを乗り越えた後に強く意識される問題であること。3つめは，政治的中立の問題を抱えつつもタイプ3が実践をしてきたことを考えれば，実践への高いハードルは政治的中立の問題より教師の能力の問題となっていること。4つめは，社会的意思決定批判学習は政治的中立の問題を縮減させ，この問題を意識する教師から支持されやすいことである。

エ．3タイプを通して

　3つのタイプを見ると，社会系教科の授業で育成する資質・能力について，タイプ3のように筆者が設定したラインと一致するタイプも見出せる。一方，タイプ1や2のように資質・能力育成をより限定して考える教師の存在が捉えられる。

　筆者のラインは，教科の専門性を超えた汎用性の高い資質・能力の育成に積極的に大きく関わろうとするものではない。そのため，教科横断的に必要とされる資質・能力，そして社会的実践の場面でこそ求められる資質・能力の育成を直接的にめざしていない。最近の社会科教育学研究の中では資質・能力育成の範囲を比較的限定した主張と言える。しかし，調査からはそれでも教科の境界・範囲を広げ過ぎとされることが多いことが分かる。こうした開発研究でのラインと教師のラインとの食い違いが，開発研究と学校での実践との乖離を引き起こしてきたと考えられる。

　以上より，構想まで重視の開発研究の授業の普及・拡大に向けては，従来の開発研究で言われてきた授業の精緻化など，研究者の関心からの授業改善だけで状況を変えることは難しいと考えられる。構想まで重視の社会的意思決定批判学習を発展的学習に位置づけるタイプ1や2がともに，授業の困難さについて，教師の能力の問題を挙げることから，教師教育の必要性が捉え

られる。本調査では開発した授業を提示するだけでなく，教室での実践まで行って観察してもらったが，元々の授業観を変えたタイプは見出せなかった。

　本調査からは，普段の授業よりも広範囲の資質・能力育成をめざす新たな授業が提示され，その授業を肯定的に評価しても，教師が自身で実践できると考えなければ，教師の実践意識はそれほど高まらないことが分かる。実践意識，そして実践意志を高めるには，適当な教師教育にもとづき教師自身が授業を構想・開発し，そして実践してみることが必要だと考えられる。

　なお，調査に協力してもらった院生Ｙ（タイプ２）は，調査後に始めた中学校での非常勤講師としての授業で，観察した構想まで重視の社会的意思決定批判学習としての授業「原発政策」を自発的に実践している。このことは，開発研究での授業は，モデルとしてだけでなく，各教師にとっての授業計画の中核となり得ることを示す。教師教育から考えると，模倣による授業実践力育成において，有効に活用できることを示していると言えよう。

５．今後の開発研究について

　本稿での検討より，授業の開発研究は研究者の関心の枠内，授業についての論理性の枠内で論じるだけでは，授業の普及・拡大は難しいことが分かる。開発研究は今後，これまでの枠にとどまるのではなく，本稿のような実証的研究と組み合わせるなど，研究者の関心・規範から離れた検討も求められよう。さらに，本稿では実証的研究より教師教育の必要性を論じたが，実証的研究で明らかになった課題への取組と組み合わせた研究も求められよう。

※本稿は，土肥（2023ｂ）の学位論文の一部を再構成したものである。

（土肥大次郎）

註
（１）「社会的意思決定批判学習としての授業」について土肥の研究（土肥，2009,

2011）などがある。

（2）問題意識が共通するものに石川（2018）の研究がある。ただし，石川は開発研究での授業計画書を教師教育のために活用する研究を行っており，教師の実践意識に関する本研究とは異なる。

（3）生徒への質問紙調査の内容と結果は別の研究（土肥，2023b）に示した。

参考文献

石川照子（2018）「社会科教師教育のためのメンタリングの方法論の開発－日本史教師の省察支援の場合－」『社会科研究』89.

岩崎圭祐（2016）「論争問題学習における教師の個人的見解表明に関する研究－見解表明の是非に関する教師の見方を中心に－」『公民教育研究』24.

岡島春恵（2018）「中学校社会科教師の教科観の形成に関する事例研究－教科観形成の多層性と多面性に注目して－」『社会科研究』88.

川口広美（2010）「教師が作成したシティズンシップ実践カリキュラム構成とその特質－カリキュラム作成に関するイングランドの教師への調査を手がかりに－」『社会系教科教育学研究』22.

草原和博（2012）「多文化的性格の地域を教師はどのように教えるか－社会科教師の意思決定の特質とその要件－」『社会科教育研究』116.

久保田貢（2007）「「机化」する子どもたちを起こす社会科教育の特質と教師の発達についての研究－井ノ口貴史へのライフヒストリー的アプローチ－」『社会科教育研究』102.

土肥大次郎（2009）「社会的意思決定の批判的研究としての社会科授業－公民科現代社会小単元「市町村合併と地方自治」の場合－」『社会科研究』71.

土肥大次郎（2011）「社会的意思決定の批判的研究としての授業－真理性と正当性を保障する意思決定型授業「原発政策」の開発－」『社会系教科教育学研究』23.

土肥大次郎（2023a）「社会科教育学における研究の潮流」（リレー連載「民主主義社会と社会科における多様性と包摂」）『教育科学　社会科教育』60-3，明治図書，pp. 122-125.

土肥大次郎（2023b）「中等社会系教科としての社会問題学習の授業開発研究－公民知育成のための社会形成批判学習－」広島大学大学院人間社会科学研究科教育科学専攻博士論文.

村井大介（2014）「ライフストーリーの中で教師は授業を如何に語るか－教師の授業観からみた社会科教育研究の課題－」『社会科教育研究』121.

西村太志（2019）「「論争的テーマ」を扱う社会科授業の現状と課題　滋賀県立高校社会科教員対象の「『主権者教育』についての意識調査」結果より」『滋賀大学大学院教育学研究科論文集』22.

やまだようこ（2000）「人生を物語ることの意味：ライフストーリーの心理学」やまだようこ編著『人生を物語る―生成のライフストーリー』ミネルヴァ書房, pp. 1-38.

吉田純太郎（2022）「教師が論争問題の指導を避ける要因は何か―九州・中四国地方の公民科教師を対象とした統計的事例研究―」『社会科研究』96.

Coffey, A., & Atkinson, P. (1996). *Making sense of qualitative data: Complementary research strategies.* Thousand Oaks: SAGE Publications.

Misco, T., Kuwabara, T., Ogawa, M., & Lyons, A. (2018). Teaching controversial issues in Japan: An exploration of contextual gatekeeping, *The International Education Journal: Comparative Perspectives*, 17(4).

社会科授業をどのように改善すればよいのか
―社会科の授業づくりと学習評価―

　よりよき授業を行いたいと願い，授業改善に努めている教師は少なくない。しかし，その授業改善は真に成果を上げているだろうか。何を，どのようにすることが，よりよき授業を実践することなのか。例えば，研究授業後の討議会では，授業者による本時の振り返りがなされ，参観者が意見や感想を述べる。最後に指導助言者が，最近の学術動向や教育行政上の取り組みを紹介する形式が観察される。これは，明治以来，学校において普及した授業研究のあり方を踏襲してきている（日本教育方法学会，2009，p. iii）。そこでは，参観者による見取りとしての発問や指示の良し悪し，教材や資料の扱い，板書の仕方，学習形態等の適切さが取り上げられる。それらは授業技術に留まっていたり，参観者自身の授業観との齟齬からの指摘であったりする。学習指導案が事前に提示されることも多いが，計画された内容や方法が目標とする学習者に期待する成果と結びつくのか，授業のねらいと学習者に期待する姿，その成果としての学習の事実を検討していることは稀である。そこで，本稿は，どのようにすれば社会科授業を改善することができるのか，社会科の授業づくりと学習評価について述べることにする。

1．授業のねらいと授業改善

　授業者はどのように授業を計画し実践するのだろうか，また学習者にどのような資質能力を身に付けさせようとしているのだろうか。多くの授業者は無意識に，授業を計画し実践する。例えば，社会科は歴史や地理，政治や経済について，より多くのことを知る教科として捉えている授業者は，学習者に多くの知識を得させようとする。そのため，各時代や地域，社会を象徴す

120

るキーワードや語句を効率よく覚えられる指導を行う。そして，学習者のための穴埋め問題や語句チェックのワークシートを準備する。他方，社会科は学習者自身が時間を遡った当時の社会や他所の政治・経済・社会の様子を理解するための教科として捉えている授業者は，理解させるための説明資料を準備し，解説を行う。さらに，各々の学習者がそれらを理解した上で，判断や行動を求める授業者は，意思表示や具体的な活動を促すであろう。しかし，それら授業者の思い・願いと授業構成は筋道立っているのだろうか。即ち，授業者のねらい・目標は，計画段階から各時間に行われる実践がなされるまで論理整合的に設計されているのだろうか。

　図1は，社会科の目標・内容・方法を貫いて，授業がどのように具体化されているかを示している。授業は，授業者の理想としての「社会科はどのような教科なのか，どのように学習者を育てたいのか」というX教科観・授業観から，Y授業内容を構成し，Z毎時間の実践を行う。X・Y・Zの各段階

		P計画→ D実践	→C評価→ A改善
X授業観 (P D C A)	段階	社会科で目指すべき知識・技能，能力，態度 / カリキュラム	学習者に形成された知識・技能・能力，態度 / X
Y授業構成 (P D C A)		内容・方法の選択・決定，組織化 / 単元	提示された授業の事実，学習内容，方法，配列・順序 / Y
Z授業実践 (P D C A)		学習者の実態，授業展開（発問・指示），資料 / 毎時間	発問・指示，資料，話術，教室環境，人的特性等 / Z

図1　社会科授業における PDCA サイクル （筆者作成）

で，事前の計画（P）と実践（D）が分けられる。そして，授業の事実の評価（C）と，その改善（D）が想定される。縦の矢印は，X→Zにブレークダウンされる学習計画と，授業の事実を積み上げる上向きの結果を示している。授業者が意図的・無意図的に目指す学習者の姿に応じて，教育内容が編成され，授業方法が選択される。そして，数時間からなる単元化が図られ，毎時間の実践を行う。評価は，各段階において計画した内容や方法が，事実としてどのように実践されたのかを見とることになる。それぞれの段階において，発問・指示，資料，話術，教室環境，人的特性はどうか，提示された授業の事実，学習内容，方法，配列・順序はどうか，学習者に形成された知識・技能・能力，態度はどうか等について評価され，改善点が抽出される。

　ところで，授業者は社会科について，人間形成の何を担い，どのような知識や技能，資質能力を目指すべきか，教科のねらいや授業することの目的をどのように捉えているのであろうか。このことを考慮せずに授業開発や改善を指摘しても，それは各人が理想とする外部からの評価や批判となる。重要なのは，授業観―授業の組織―授業の具体が筋道立っているか，目標との離齬や不一致はないかを評価し改善を示すことである。そのためには計画された授業はどのような知識や資質能力を学習者に養おうとしているのか（授業計画で期待する学習成果），学習指導案等に示される学習内容や方法はそれを実現するものとなっているか（内容・方法），そして具体の展開の検討である。これを計画時の「論理整合的なPDCA」とする。次に，実践においては授業を取り巻く環境，学習者の状況等によって，様々な変更が余儀なくされる。例えば，資料の提示や発問の仕方・板書の書き方・学習形態等の指導技術が必要となる。これは「状況即応的なPDCA」と言えよう。そして，事実としての学習成果を見とることになるが，筋道立てて計画した授業のどこに問題があるのか，各々の段階を振り返ることになろう。その過程で，他の選択肢はなかったのか，また授業者自身が目指した授業，それ自体は他の教科観や授業観から見て，どうかの批判吟味が必要となる。これが「相対化する

PDCA」である。例えば，「主体的・対話的で深い学びを目指す授業」「思考力・判断力を育成する授業」「未来社会に生きる力を育てる授業」「情報活用能力やコミュニケーション力を育成する授業」等の目標が掲げられるが，それらはどのように優劣がつくのか不明である。同じ評価指標で比較し，検討することが必要であろう。以下，学習成果によって代表的な授業を類型化し，「論理整合的な PDCA」，実践を通した「状況即応的な PDCA」について具体例を示しながら授業改善の方法を示す。「自らの授業観を俯瞰し相対化する PDCA」については，紙幅の都合で別稿に委ねたい。

2．学習成果による授業類型

　社会科はそれぞれの授業者が目指す学力観によって，様々に実践されている。それらは授業の結果として期待する学力，学習者の社会認識に関する要素（知識・技能，資質能力，以下，学力要素と示す）とその獲得のされ方によって，次のように類型化される。

　学力要素は，どのように社会を認識するのか，社会それ自体を客観的に認識可能な実在として捉える立場（対象化）と，社会は認識者によって，様々に意味付けることによって捉えられるとする立場（内在化）に分けられる。そして，知識を教授されることによって獲得する立場と，学習者自身が学習することを通して，それらの見方・考え方を探求するという立場に分けられる。また，社会はどのようにあるのか，さらに社会のあり方や社会の中における個人の行動や生き方を教えられる，理解する立場と，それらを追求する

表1　学習成果による授業類型

方法/内容	客観的実在としての社会（対象化）	主観的内在としての社会（内在化）
教授	Ⅰ　社会事象，社会機能，社会構造についての知識の獲得	Ⅱ　社会における望ましい個人の行動・生き方（態度）の理解
学習	Ⅲ　社会の見方・考え方の探求	Ⅳ　社会のあり方，個人の生き方の追求

立場に分けることができる。

　上表の典型的な授業は，Ⅰ社会事象，社会機能，社会構造についての知識を獲得する授業，Ⅱ社会における望ましい個人の行動・生き方（態度）を獲得する授業，Ⅲ社会の見方・考え方を探求する授業，Ⅳ社会のあり方，個人の生き方を追求する授業が考えられる。本稿では，一般的に社会科はより多くの知識を得る教科，事実的知識を獲得させようとする授業であると捉えられているⅠを取り上げ，どのように授業改善を図るのかについて示す。

3．社会事象，社会機能，社会構造についての知識を獲得する社会科の場合

⑴授業改善前の授業づくり－単元「EU」－
①授業構成の論理

　東大阪市立K中学校I教諭による第1学年地理的分野の小単元「EU」を事例として取り上げる（表2）[(1)]。

　本実践は，単元「EU」の4時間中2時間目に実施された授業記録である。授業の実際から展開を再構成する。教師の発問・指示を表中の半角数字で示す。11導入では前時の学習内容を振り返らせ，高等学校の入試問題に出題されることとして，ヨーロッパの国の位置やフランスについて知っていることを想起させる。次に，本時で扱う内容を紹介するとして「EUの話をしていこう」と切り出し，12教科書の該当頁を示す。展開では貿易の特色をとらえさせるため，フランスの貿易相手国の円グラフを示す。学習者が輸出・輸入のグラフを見ていることを確認し，24「どちらもアメリカを除いて，ヨーロッパの国々が多い」と説明する。42教師は「ここに何かあるということが，今日のみそ」として授業のねらいを示す。55「自分たちのグループの中で税金を安く…活性化しよう」で，EUの協力関係の説明をする。結末部は，EUには国境がなく，税がかからないという説明で終結する授業の流れになっている。この授業において，明示された知識内容を命題化すると次表になる。

124

表2　単元：EU 授業記録（実施日：2008年6月9日　2/4時間）

	教師の発問・指示	反応
導入	1　はい，おはようございます。 2　では忘れ物チェック。はい，この列。 3　今日はこのプリントつかいまっせ。 4　この前の授業の続きなんですが，ようやくこのプリント，要所々々で使いますのでちょっと気をつけといてくださいな。 5　では，この前の続きを書いていきたいと思いますので，ノートと教科書を開けてください。 6　教科書は124ページです。 7　とりあえずここを開けてください。 8　この前の授業な，A（生徒名）が大活躍してくれた。 9　高校入試の問題をさっと答えてくれた。 10　高校入試にも，もちろん関係があります。 11　関係があるんですが，このプリントで占めているEUについての話を今日はメインにしていきたいと思います。 12　教科書124と125。125ページ側に書いてある新しい分野で，貿易の特色と書いてあるところ。 13　フランスと言う国をメインにしている。 14　フランスと言う国は基本的には農業と工業をしているマルチな国やねんな。 15　で，その農業と工業をやっているフランスのいわゆる商品。 16　フランスの商品を日本が買うとしたら一番有名な君らが知っている商品って何だろう。 17　パンな。	
展開15分	18　正確に言うと，フランスパンを作る時の材料といったら基本的に小麦。 19　それはアメリカから輸入するのが多い。 20　だから，フランスパンという名前がついていても，実はアメリカから輸入しているパターンが多い。だから，それ以外に，フランスから輸入しているもの。 21　君らが知っているものない？ 22　フランスからこれは完璧に輸入しているもの。 23　その円グラフの中身をちょっと見て欲しい。 24　まず，輸出，輸入という2つの種類があるのですが，輸出も輸入もともにナンバーワン相手国はドイツが挙がっていて，2番目に挙がっているのは，輸入はアメリカ，輸出はイギリスが2位に挙がっています。第3位は輸入がイタリア，輸出はスペインになっています。あと4位5位と続いていますが，アメリカ以外はほとんどがヨーロッパの国ですね。 25　名前が挙がっている国の，半分がヨーロッパの国の輸出国になっているよね。輸出入になっているけど，その中の大半，全体の輸出量，輸入量の3分の1以上はヨーロッパの貿易。 26　これは，フランスに限ったことじゃないと言うことです。	16-1　パン。

27 何でそんなことをいちいち取り上げているのか。こんなの別にたいしたことない。

28 へえそうなんか。

29 ヨーロッパ同士で仲がいいんだなと思っていただいてかまわない。

30 そのくらいで話が終わるのだったら，いちいち黄色で書く必要もない。おかしくないですか？

31 何でこの円グラフ見て，輸出と輸入で考えたときに，アメリカが入っているのは分かる。アメリカが入っているのは分かるけど，入っていない国これ入れとかないと…という国あるでしょ。もう一回，国を言うよ。

32 輸入に関しては，ドイツ・アメリカ・イタリア・イギリス・スペイン。

33 輸出に関しては，ドイツ・アメリカ・スペイン・イギリス。

34 入っていない国ってどこ。

42 省略

25分	47 覚えている。 48 誰か覚えてない。 49 フランスの中にでっかい工業地域がないのはなぜか？ 50 植民地と工業地域という言葉を使って説明しなさいというの覚えてない？ 51 植民地のやつを働かせていたので，できたものをフランスに持ってきていたので，フランスには工業地域がなかったんやな。 52 第二次世界大戦で全部植民地が独立してしまって，なくなってしまったので自分の国でものを作らなければならなくなった。 53 さっき言った飛行機の話だ。 54 あちらこちらから飛行機のパーツを運んできて組み立てているのはなんでかといったら，ここ。 55 自分たちのグループの中で税金を安くしたり，政策的に同じグループ内の貿易を活性化しようというやり方をとっているので，EUの得意分野に任せたほうが安くできるからなんです。 56 例えば，ベルギーだったらエンジン作るのが得意だとか，イギリスは羽を作るのが得意だとかに任せたほうが安くできるんです。 57 輸送費が多少かかったとしても，同じEUの中なので，税金かかりません。ですので，別の国で安いパーツを作って組み立てるというほうが安上がりになるということです。そんなんが可能になったのは，（プリント）この写真の，ここ。 （以下，省略） 64 だから，各国で作ったものを集めて組み立てても安上がりにできる。はい，終わります。	50-1 えっ〜と，植民地に何か。この前言ったことと一緒でしょう。
50分		

（実施された授業の一部　筆者作成）

126

表3　EUの授業で示された知識

```
 1 フランスは，農業と工業を行っている。
 2 フランスでは，パンの原料である小麦を生産している。
 3 フランスの輸出国は，ドイツ，イギリス，スペインである。
 4 フランスの輸入国は，ドイツ，アメリカ，イタリアである。
 5 フランスの輸出入国の3分の1は，ヨーロッパの国である。
 6 フランスには大きな工業地域がない。
 7 植民地が独立したため，自国生産する必要がある。
 8 EU内では，税金を安くしている。
 9 EU内では，貿易を活性化しようとしている。
10 EUでは，各国の得意分野の生産物の交換をしている。
11 EUでは，組み立て工業を行っている。
12 EUでは自由に行き来できる。税金を払わなくてよい。
```

(授業中に示された内容から知識を命題化し抽出。筆者作成)

　このような知識をⅠ教諭はどのように抽出したのであろうか。本単元を構想するにあたり，まず教科書を手がかりにしていることが観察された。そこで，教科書の記述内容から知識内容の記述を抽出する（表4）。

　表4は，フランス及びEUを扱う教科書の該当頁121〜128の記述内容から知識を抽出したものである。ここでは43の知識が抽出される。本授業では，表3で示される12の知識のうち，9つの知識が授業に反映されている。また，教師が提示した表2の49「フランスには大きな工業地域がない」，52「植民地が独立したため，自国生産する必要がある」については，表3の知識内容とは合致しなかった。それらは教師自身がEUをとらえる解釈である。その他の知識は，授業の実際において，教師からの提示や用語や知識の想起を求める問いと生徒の回答の中で確認できる。

　Ⅰ教諭に代表されるこの授業は，次のような授業観（目標・内容・方法）のもとにつくられる。社会科は，社会についての知識をより多く得ることを目標とする。そのためには学習対象について，様々な観点や範囲の社会的事象を知る必要がある。その拠り所は教科書に示される用語や知識内容である。

表 4　EU の授業に対応する教科書の記述内容

頁	教科書見出し	教科書に示される知識内容
121 122	1 国の特色を調べよう ・国の特色を調べよう ・世界のなかのフランス	1　(フランスの) 面積は日本よりやや大きく，人口は日本の約 2 分の 1 で首都のパリは北海道より高緯度に位置している。 2　年間の観光客数が世界で最も多い国がフランスである。 ③　フランスが，小麦等の農産物や，チーズ等の酪農製品をたくさん生産し，輸出する世界的な農業国である。 4　ぶどうの栽培がさかんで，ワインの有力な輸出国である。 5　自動車や飛行機の生産等，工業分野でも世界の上位にある。 6　日本中をはじめ，世界じゅうから多くの人々がフランスを訪れる。 7　古いお城や大聖堂，南フランスの農村等魅力ある観光地が多くの人をひきつける。
123 124	2 フランス文化の広がり ・人々をひきつけるフランス ・身近にあるフランス文化	8　パリは昔からたくさんの画家や作曲家，詩人が集まり，『芸術の都』として栄えてきた。 9　パリでは，1980年代から古い町なみや文化遺産を大切にした再開発が行われてきた。 10　フランスでは食文化が発達し，フランス料理は世界中に広まっている。 11　文化を生かした観光地づくりによって，観光客は年々増え続けている。
125 126	3 ヨーロッパのなかのフランス ・フランスの産業 ・貿易の特色	12　パリで開かれるファッションショーは，テレビやインターネットで世界各地に広まる。 13　(パリの) 流行は，世界の衣服産業に大きな影響を与えている。 ⑭　フランスは，国土の大部分が平地で，豊かな農地にめぐまれ，小麦等の穀物栽培が盛んである。 15　中部や南部の山岳地帯では，肉牛の放牧やぶどうの栽培が行われている。 16　地中海沿岸では，果樹栽培や園芸農芸が中心になっている。 ⑰　フランスでは，ワイン等の食料品工業や自動車等の機械工業を中心に，様々な工業も発達してきた。 18　パリとその周辺地域には，様々な業種の工場が集まっている。 19　北部の工業地域は，石炭を利用した製鉄工業やせんい工業がさかんであった。 20　今は衰退の傾向にある。 21　最近，地中海沿岸地域が，情報・通信やバイオテクノロジー等，新しい工業の中心として成長しつつある。 22　フランスの工業地域では，多くの外国人労働者が働いている。 ㉓　彼らの多くは，フランスのかつての植民地であったアフリカ諸国から来ている。 ㉔　貿易相手国を見ると，ドイツやイタリア，イギリス等ヨーロッパの国々が高い割合をしめている。

127 128	4 フ ラ ン ス と EU ・発達する交通 網 ・統合が進むヨ ーロッパ	25 おもな輸出品目，輸入品目を見ると，農産物よりも工業製品の割合が 多い。 26 新聞記事から，フランスでは航空宇宙産業が発達している。 27 特に，航空機の製造については，イギリスやドイツ等と国境を越えた 技術協力が行われる。 28 ヨーロッパでの共同生産の取り組みが実現している。

(43のうち28を示す。なお数字は授業で取り扱われた知識である。

『新編　新しい地理』東京書籍（2006年発行一部抜粋）（筆者作成））

授業はそれらを可能な限り網羅し，学習者に効率的に身につけさせるよう組
織し，展開することである。すなわち，学習者の知識の量的な拡大，知識獲
得の効率的な獲得を目的として授業が計画・実践されていると言えよう。

②授業の組織・授業の具体

　このような授業観による授業を行うためには，計画段階における知識の選
択・配列の仕方，効率的な獲得のさせ方，実践段階でのその実現が課題とな
る。例えば，EUの授業では，ヨーロッパの一国であるフランスの地域的特
色を，産業・貿易・交通網の観点からそれぞれ浮かび上がらせ，国益を優先
するため，利害が一致した国々との統合化を目指したEUへの加盟という流
れで，知識内容の理解を図ることが考えられる。加えて，産業・貿易の観点
を設けて，知識を類別し網羅すれば，内容のまとまりごとに解説や説明をす
ることができる。つまり，授業を行う前にどのような用語や知識を扱うか，
知識を選択し関連づけ，類別したまとまりをつくるということである。次に，
それらの配列や順番を考え，授業の流れに位置づける。そして，効率的にそ
れらの知識内容を獲得させるためには，学習者が既有知識と関連づけやすい
ように，日常の身近な具体的な社会的事象や話材，エピソード等を紹介した
り，視覚的な資料や話術を工夫したりする等して，学習への関心を喚起する
工夫がなされる。

③評価の観点　知識の選択・配列・網羅

　このような授業の計画・実践を，どのように評価すればよいのであろうか。

　計画においては，学習対象とする社会的事象についての知識が適切に選択されているかどうか，網羅する知識内容の範囲・程度が評価観点となる。EU の授業の場合，教科書から抽出された43の知識内容のうち，36もの内容が扱われていないことが指摘できる。それは教科書の記述内容を教師が任意に選択し，教師の解釈によって学習者に知識を獲得させることが委ねられているからである。実践における評価では，知識が学習者にどのように獲得されたか，学習者に身につけられた知識の定着，知識量の拡大を見取る必要がある。それは授業中・授業後のペーパーテストによる再生テストの利用や，口答による教師が求める問いとその回答によって見取ることになる。その際，用語や知識の質やレベルは区別されない。固有名詞や概念，知識内容が想起，再生できるかどうか，どのくらいの量が獲得されているかどうかが確認される。では，知識の選択・配列・網羅について，改善の具体をみていく。

⑵授業改善する授業づくり－単元「マレーシア」－

　EU の授業は教科書の記述内容に対して，授業中に扱われた知識量は少なく，不十分なものであった。これは授業者自身が，授業後の振り返りにおいて準備や資料の不足を反省したことにも表れている。そこで，授業観を変えない範囲で，意図的・計画的な授業改善を促した結果，次の実践において授業の組織や授業の具体の改善が見られた。以下，どのような改善が図れるのか，第1学年地理的分野の単元「マレーシア」（2008.7.8実施）を示す。

①授業計画段階の授業づくり－単元「マレーシア」

　a．知識の配列，身近な社会事象との関連づけ

　本授業では，授業者が EU の授業では作成しなかったワークシートＢ４用紙２枚の作成や，板書を事前に計画する改善が行われた。ワークシートはマ

レーシアの国旗や地理的位置の確認，大陸や赤道を確認する作業を取り入れ，知識の定着の確認が図れるようになっている。また，教科書中の図表を用いて，マレーシアの工業や農業の変化や，外国企業が参入してきていることをどのように読み取ればよいか，図表の見方を示す工夫がなされている。文字だけのワークシートからパーム油が自分たちの日常生活と密接に関わっているイラストや作業を取り入れたり，写真や説明文を挿入したりすることで，学習者の関心の喚起を図っている。板書計画は教科書に沿って，本時で扱う知識を事前に整理している。歴史・農業・工業や諸外国との貿易の項目でどのように内容をまとめるのか，1時間の中で扱う知識や用語を選択し，授業の流れに沿って書き進められるようにしていることが見とれた。つまり，授業計画段階でワークシートを利用し，学習者が獲得すべき知識を選択・配列すること，板書計画を立てることにより，授業者がどのような知識をどの順序で扱うかを整理することで，効率的な展開を意図したことが窺える。

b．知識の選択，網羅型の関連づけ[2]

では，本授業において，どのような知識が選択されたのであろうか。教科書の該当箇所118～119頁に示される内容から，表4と同じような方法により，10の知識内容及び3つのグラフ資料を抽出した（表5）。

見開き2頁相当に10の知識内容と3つの資料の読み取りが示される。このうち，授業における教師の説明との対応関係は，ルックイースト政策の用語を除いて，すべての知識を網羅していることが示される。EUの授業と比べ，知識を網羅できるように限られた時間内で板書やプリントを活用し，類別した項目ごとに知識内容を選択し，関連づける改善がなされている。

表5　マレーシアの授業における教科書の知識内容と授業の流れ

教科書に示される知識内容	教師の説明（番号は教師の発言・指示）	改善点
1　マレーシア等東南アジアの国々の多くは，19世紀後半から20世紀の半ばまで，イギリス等の植民地支配を受けた。	65　ということで今日はその，拡大地図の中で黒く色を塗りました，マレーシアと言う国についてのお勉強をしたいと思います。 66　マレーシアこう見えても資源が豊富で。 68　そうしたら，その次のマレーシアの農業ね。	1　プリントの方，配りたいと思います。 12　どこにあるのか確認していこう。
2　ヨーロッパの人々は，本国からの資金で熱帯の気候に適した天然ゴム，あぶらやし，ココやし等を大規模に栽培する農園（プランテーション）を植民地に開いた。	69　戦争の前は少し日本が支配していましたからね。このマレーシアの農業なんだけど，どんな農業があるんか。 71　このときの，イギリスの支配時代には，基本的には高く売れるものを作っていました。 72　このときは，天然ゴム。 73　ゴムって高く売れたんですね。 74-78　天然ゴムの採り方の説明	62　ちょっと，プリントは置いておいてもらって，ノート出してもらえますか 63　今から板書したいと思います。
3　マレーシアではすずの生産や天然ゴムのプランテーションがさかんになった。	79　天然ゴムが売れるきっかけになったのは何かというと，自動車のタイヤにこのゴムを使うようになって大量に要るようになったんやんか。	127　教科書の後ろに写真がのってます。
4　これら特定の地下資源や農産物を輸出し，工業製品等を輸入するモノカルチャー経済のしくみが続いてきた。	80　で，大規模な農園をイギリス人が外国のお金で作ることになったんよね。 81　その大規模な農園のことを，プランテーションといいます。 82　プランテーション農業といいます。 83　プランテーションというのはちょっと勘違いする人がいるかもしれませんが，モノカルチャーやってるところにプランテーション非常に多いよね。だから，モノカルチャー＝プランテーションと思う人も多いですけど，厳密に言うとちょっと違うんです。	137　いろいろなものに使えるんだよという例を探してきたんです。
5　すず鉱山やプランテーションの労働者は中国やインドからの移住者，先住民だった。	84　プランテーションというのは大規模農園のことを言います。 85　で，このプランテーションなんだけど，多くは単一の作物を栽培しています。	144　やし油，パーム油。これ結構われわれの食事の中に出てくるって事になるね
6　そのため，いろいろな民族や異なる宗教の人々が一つの国でくらすようになった。	87　単一作物を栽培するとこれはどうなる？ 88　そう，モノカルチャーな。	
7　マレーシアは，ルックイースト政策という経済政策をとり，日本や韓国のような工業立国をめざした。	89　だから，モノカルチャーと同じ意味やと思う人もいるかもしれませんが，必ずしもひとつのものを植えているわけじゃない。 （90〜168，他一部省略）	160　他にどのようなことに使われているのか身の回りで探してみよう。
8　最近は，日本では東南アジア諸国連合（ASEAN）の国々が生産した電子部品や家庭電化製品がたくさん使われている。	169　これをちょっと確かめるために，プリントにも書いているんですが，119頁のほう見てください。 170　119頁に折れ線グラフがあるでしょう。	

171 自動車が書いてあって。
173 モノカルチャー経済から経済立国へというと こね。
174 で，ちょっと調べて欲しいねんけど，プリン トのほうにさ，1975年の輸出量と2000年の輸 出量と２つ書いてあるんやんか。
185 １位天然ゴム，２位パーム油，３位原油。
210 モノカルチャー経済って言うのは，単一のも のを売るのがモノカルチャー経済やんか。

②授業実践段階における改善―学習意欲の喚起，求める正答の示唆・誘導―

　授業の実際においては，どのような改善が図られているのであろうか。授業展開の一部のみを示す（表6）。

　本学習の導入は学習姿勢の喚起を行い，60まで行われる。ワークシートを用いて，復習をかねた地理的位置の確認が意図される。マレーシアの国旗，世界における位置の確認，楕円図法の名称，東南アジアの範囲，世界地図（正積楕円図法）における赤道の位置，付近の気候の確認が行われる。学習者は各問いに応じて，それらを想起する。展開部では，本時は61マレーシアの農業について学習することが知らされる。69前時で扱った日本やイギリスによる植民地支配があったことを確認し，「どんな農業があるのか」を問いかける。農業に関する言葉として，72天然ゴム，81プランテーション，83モノカルチャー，84プランテーションに大規模農園を用語として示す。85単一作物を83に付加する。89モノカルチャーとプランテーションの違いを他の作物を植えていることと，説明する。91プランテーションに，外国資本の意味を加える。（以下，省略）

　EUの授業と比較し，教師の説明内容の繰り返しや言い換えによる発言は減り，学習者に獲得させたい用語や知識の再生を求める問いを出し，正答するかどうかを見取る評価場面が増えている。そして，求める回答を想起できなかったり誤答したりする場合は，関連する用語や知識を示唆し正答を誘導する。この場合，教師は経験を頼りに学習者の既有知識と求める知識との隔

表6　単元：マレーシア授業記録（2008.7.8実施　一部）

発言	授業の事実		教師の意図	評価・改善
	教師の発問・指示	生徒の反応	授業事実における教師の意図の解釈	授業中の教師による評価・改善
7	マレーシアというところをまだやり残しているので，マレーシアをやってから日本のいろんなところに移っていこうと思うので，まず教科書118ページちょっと開けてくれるかな。マレーシア，国旗もそこ（ワークシート）に付けてありますが，どんな国なんかな。どこにあるのか確認していこうと思います。	（該当頁を開く）（大半が記入できていない）	学習姿勢の喚起，本時の学習タイトルの明示 国旗から学習対象へ位置の確認	
11				
12				
	19〜60省略			
61	今日はその，拡大地図の中で黒く色を塗りました，マレーシアと言う国についてのお勉強をしたいと思います。		大陸・国・赤道の位置の想起。位置確認	
68	そうしたら，その次のマレーシアの農業ね。		農業に焦点化	
69	戦争の前は少し日本が支配していましたからね。このマレーシアの農業なんだけど，どんな農業があるんか。		84に単一作物の意味を付加	農業の特色について，関心を喚起する。
85	で，このプランテーションなんだけど，多くは単一の作物を栽培しています。			
86	多くは単一な。			
87	単一作物を栽培するとこれはどうなる。	モノカルチャー。	83の説明の否定	
88	そうモノカルチャーな。			
89	だから，モノカルチャーと同じ意味やと思う人もいるかもしれませんが，必ずしも一つのものを植えているわけじゃない。だから大きな農場で，外国資本。現地の人がやることもあるねんけど，外国資本ということが非常に多い。			83〜88に対し，他の作物も植えていることを説明84・85に外国資本の意味を付加する。
91				
92				
93	大規模な農園のことね。			

（本文中の番号箇所を省略しているものもある）

たりがないよう問いを精選していることが窺えた。

　以上，授業実践においては，知識の定着を教師からの問いと回答によって評価し，学習者が想起可能な回答に関連する説明や示唆を与え，答えを誘導または否定によって，求める問いと回答を一致させるよう改善を図っていることが示される。

4．知識の量的拡大・効率化を開発・改善視点とする PDCA

　授業の事実及びその分析から，学習者が事実的知識を獲得することを目的とする授業は，社会の諸事象と日常的な知識との結合により学習者の知識のネットワーク化を図る知識の量的拡大・効率化を開発・改善視点とする PDCA サイクルとしてまとめることができる。図1のモデルにあてはめると，次のように示される（表7）。

　計画（P）は，学習対象とする社会的事象について様々な要素を集め，内容ごとのまとまりのある知識として組織する。そして，学習者の実態に応じて単位時間で扱う知識内容を構成し，授業展開や資料を準備する。実践（D）は，既存のカリキュラムや教科書等を拠り所に，選択した知識の組織化を図り，学習内容を組織する。そして，学習者の関心を喚起し，準備した知識内容を効率的に解説，説明し，用語や知識を獲得できるよう工夫する。評価（C）は，社会的事象について網羅された知識量の確認が行われる。授業の組織の評価は，類別し網羅した知識量や範囲，効率的な指導の流れが確認される。授業の実際は，実際に示された用語や知識の確認，学習者の知識の獲得状況が確認される。例えば，授業中の質疑応答や再生テスト等で，知識や用語を思い出すか見取りが行われる。改善（A）は，教師が重要と考えた用語や知識内容が再生できるか，身につけられた知識量が拡大したかを根拠として，授業者による授業中の補助的な発問，示唆，否定，誘導による導きが行われる。また，復習や再生テスト等の利用，次時の再確認が行われる。例えば，獲得させる知識を日常生活と関連づけ，イメージ化や具体化が図れる

表7　知識の量的拡大・効率化を開発・改善視点とする PDCA

	計画（P）	実践（D）	評価（C）	改善（A）
授業観	・社会を客観的実在ととらえ，理解を図る。	・拠り所となる既存のカリキュラムや教科書等。	・社会的事象について網羅された知識量の確認	☆個別的な知識量の増大，獲得でよいか。 ☆知識や関連づけは価値観に左右されていないか。 ☆どのような人間形成につながるのか。
授業の組織	・学習対象とする社会的事象について，様々な要素を集め，内容ごとのまとまりのある知識として構成する。	・選択した知識の組織化を図り，内容としてまとめられた単元。	・類別し網羅する知識の範囲・配列の確認 ・効率的な指導の流れの確認	・教師が重要と考える知識を選択，関連づけ配列する。 ・獲得させる知識を日常生活と関連づけ，イメージ化や具体化を図り，身近に捉えさせようとする。 ・準備段階で，教えようとする知識や用語に関連づけて，効率的に説明できるものとなるようにする。
授業の具体	・学習者の実態に応じて，単位時間で扱う知識内容を構成し，授業の資料を準備する。	・説明，解説による授業。	・授業において示された知識内容の確認 ・学習者の知識の獲得状況の確認	・知識や用語の想起，再生を評価し，補助的な発問，示唆，否定，誘導により正答を導く。 ・ワークシートや資料による知識の選択や配列，順番の整理，利用する。

よう資料や話材，エピソードを準備し，教科書に示された知識内容が類別されて網羅したまとまりとして配列できているか，また，各々の用語や知識が効率的に解説，説明できるものとなるよう板書や指導の組織化が図られる。

5．自らの授業観を俯瞰し相対化する PDCA

本節では，常識的な社会科観によるⅠ型の論理整合的な PDCA，状況即応的な PDCA について，どのように授業改善を行うかについて示した。そ

136

して，社会科教員の数だけ目指す教科観・授業観は異なっている。自らの授業観を俯瞰し相対化するPDCAについては，別稿（峯, 2011）を参照頂きたい。

（峯　明秀）

註

（1）本研究では，研究方法として，2008年5月〜11月に東大阪市立K中学校において，大学生4回生Yさんを通じてI教諭への授業観の変革には至らない，支援としての授業改善のアクション・リサーチを用いた。I教諭の授業観察・記録をもとに授業の現状分析，課題の明確化を行い，資料収集・ワークシート作成支援等のアクション・プランの決定，データ収集・分析，評価・改善点の提出の一連のサイクルで行った（島田, 2008）。

（2）知識の質の違いによる構造化に対して，知識間の関連をつなげ，ネットワークを広げることを網羅型とした。

参考文献

日本教育方法学会（2009）『日本の授業研究』学文社。

島田　希（2008）「アクション・リサーチによる授業研究に関する方法論的考察」『信州大学教育学部紀要』No.121, pp.91-102。

峯　明秀（2011）『社会科授業改善の方法論改革研究—資質形成の相違に応じた螺旋PDCAサイクル—』風間書房。

小学校学習指導要領「社会編」における言説の変遷
―昭和33（1958）年版（告示）以降を対象として―

1．はじめに

　社会系教科は，教科の本質に関する考え方が統一できておらず（棚橋，2007，p.22-23），想定される授業，学習者像も多岐にわたる。このような多様な「授業観」，「教科観」，そして，「社会科観」が着目される一方，そもそも，多様な「社会科」の実態を根拠づける事実の分析は十分とは言えない。時代や文脈によって変化する民主主義の担い手を育てる理想・理念として社会科で「形成すべき学力」ではなく，それを裏付ける実態としての「形成される学力」に着目した考察が必要となる（井上，2015，pp.15-22）。

　制度としての「社会科」の成立は昭和22（1947）年以降であり，社会系教科は，地理的分野，歴史的分野，公民的分野（政治に関する内容，経済に関する内容，法に関する内容）といった社会の仕組みや成り立ちに関わる内容を扱う教科であり，その目標として「国家・社会の形成者」が掲げられている。学習指導要領は約10年おきに改訂され[1]，育成しようとしている「公民的資質」が社会状況によって変化している。誕生当時の社会科は，占領下でもあり，「試案」としての位置づけであった。そのため，当時の学習指導要領には，学習活動，評価などの具体が示されているものの，あくまでも事例としての位置づけであった[2]。一方，昭和26（1951）年にサンフランシスコ平和条約で連合国軍からの独立を果たしたのちの学習指導要領は，法的な拘束力を持つ「告示」であった。昭和33（1958）年以降の学習指導要領は，「目標」，「内容」，「内容の取扱い」の大きく3つで構成[3]されており，これらの要素の一体化が目指された。昭和33（1958）年以降の学習指導要領の記述

138

を取り上げることにより，いわば，国としての「公民的資質」育成についての方向性を見て取ることができるといえよう。本稿では，小学校の社会系教科の昭和33（1958）年版から平成28（2016）年版までの学習指導要領の記述の量的な特徴について，KH Coder3といわれる計量テキスト分析の手法（樋口，2018）を通して明らかにする[4]。筆者はこれまで，この手法を使い，日本のESD教育についての傾向の分析，日本と韓国における教育課程の比較を行い，印象ではなく，量的，視覚的にその傾向を捉えることを行ってきた（井上，2021a，2021b，2021c）。この計量テキスト分析を用いることにより，学習指導要領の記述の傾向をデータからとらえることができよう。

2．分析の対象

　表1は，分析の対象となる昭和33（1958）年版から平成28（2016）年版までの各改訂における「社会科」の位置づけと目標を整理したものである。

　改訂は全体で7回行われ，昭和33（1958）年版，昭和43（1968）年版，昭和52（1977）年版においては，第1学年から第6学年に「社会科」が位置づけられているが，平成元（1989）年以降，第1学年，2学年に「生活科」が設定されたため，「社会科」は第3学年から第6学年の4年間となっている。また，「社会科」の全体の目標に着目すると，並列した目標（ここでは，5つ）が並べて示されている場合（昭和33（1958）年版），1つの大きな目標とその下位に目的が示されている場合（昭和43（1968）年版は，下位の目的が4つ，平成28（2016）年版は，下位の目的が3つとなっている[5]），そして，大きな目標が1つだけ示されている場合（昭和52（1977）年版，平成元（1989）年版，平成10（1998）年版，平成19（2007）年版）が見られる。全体の目標の表し方は，この3つに分けられるが，学習指導要領の構成としては，いずれにおいても，「全体の目標」の下に各学年の「目標」が設定されており，また，各学年の「目標」の下に「内容」と，方法についての項目（「内容の取扱い」）が示されている。

表1　7回の改訂における教科の位置づけと目標

小学校	第1学年	第2学年	第3学年	第4学年	第5学年	第6学年
昭和33年 (1958年)	1　具体的な社会生活の経験を通じて，自他の人格の尊重が民主的な社会生活の基本であることを理解させ，自主的，自律的な生活態度を養う。 2　家庭・学校・市町村・国その他いろいろな社会集団につき，集団における人と人との相互関係や，集団と個人，集団と集団との関係について理解させ，社会生活に適応し，これを改善していく態度や能力，国際協調の精神などを養う。 3　生産・消費・交通その他重要な社会機能やその相互の関係について基本的なことがらを理解させ，進んで社会的な協同活動に参加しようとする態度や能力を養う。 4　人間生活が自然環境と密接な関係をもち，それぞれの地域によって特色ある姿で営まれていることを，衣食住等の日常生活との関連において理解させ，これをもとに自然環境に対応した生活のくふうをしようとする態度，郷土や国土に対する愛情などを養う。 5　人々の生活様式や社会的な制度・文化などのもつ意味と，それらが歴史的に形成されてきたことを考えさせ，先人の業績やすぐれた文化遺産を尊重する態度，正しい国民的自覚をもって国家や社会の発展に尽そうとする態度などを養う。					
昭和43年 (1968年)	社会生活についての正しい理解を深め，民主的な国家，社会の成員として必要な公民的資質の基礎を養う。このため，（略）					
昭和52年 (1977年)	社会生活についての基礎的理解を図り，我が国の国土と歴史に対する理解と愛情を育て，民主的，平和的な国家・社会の形成者として必要な公民的資質の基礎を養う。					
平成元年 (1989年)	―		社会生活についての理解を図り，我が国の国土と歴史に対する理解と愛情を育て，国際社会に生きる民主的，平和的な国家・社会の形成者として必要な公民的資質の基礎を養う。			
平成10年 (1998年)	―		社会生活についての理解を図り，我が国の国土と歴史に対する理解と愛情を育て，国際社会に生きる民主的，平和的な国家・社会の形成者として必要な公民的資質の基礎を養う。			
平成19年 (2007年)	―		社会生活についての理解を図り，我が国の国土と歴史に対する理解と愛情を育て，国際社会に生きる平和で民主的な国家・社会の形成者として必要な公民的資質の基礎を養う。			
平成28年 (2016年)	―		社会的な見方・考え方を働かせ，課題を追究したり解決したりする活動を通して，グローバル化する国際社会に主体的に生きる平和で民主的な国家及び社会の形成者に必要な公民としての資質・能力の基礎を次のとおり育成することを目指す。（略）			

（国立教育政策研究所教育研究情報データベースの「学習指導要領の一覧」[6]より筆者作成）

　以上のことから，7回の改訂を通して，学習指導要領では，全体の目標，各学年の「目標」，「内容」，「方法」が階層的・系統的な構造となっていることを指摘できる。

3．分析の実際

⑴全体の傾向

　表2は，7回の改訂それぞれにおける「特徴づける語句」の上位10語句を並べたものである[8]。なお，サ変動詞を含む「動詞」にあたる語句に網掛けを付けている。各次の上位に位置づく特徴づける語句としては，昭和33年版では「生活（する）」，「いろいろ」，昭和43年版では「理解（する）」，「考える」，昭和52年版では「気付く」，「理解（する）」，平成元年版では「調べる」，「理解（する）」，平成10年版では，「調べる」，「取り上げる」，平成19年版では，「我が国」，「調べる」，平成28年版では「身に付ける」，「表現（する）」となっている。表2で網掛けをした「動詞」にあたる語句をみると，緩やかであるが，増加傾向にあることが見て取れる。特に，昭和43年版，昭和52年版においては，子どもの対象に対する認識を表す語句である，「理解（する）」，「考える」，「気付く」であるが，平成元年以降では，「調べる」，「取り上げる」，「身に付ける」，「表現（する）」のように，子どもの活動や学習の方法を表す動詞の種類も増え，また，それらが上位に位置づくようになっていることが指摘できる。このことから，学習指導要領の記述は，子どもの認識の状況から，子どもの活動や学習の方法を表すものに変化していることがうかがえる。

　この表1，2から，学習指導要領の記述のターニングポイントとしては，①法的な位置づけが変化した昭和33年版，②低学年の「社会科」が「生活科」となった平成元年版，が挙げられる。これに③平成10年版，④平成28年版を加え，取り上げた学習指導要領の記述の傾向から，「社会科」で育成しようとしている資質・能力が，それぞれのターニングポイントにおいて，ど

表2　「告示」以降の小学校「社会科」学習指導要領の変遷

昭和33（1958）年版		昭和43（1968）年版		昭和52（1977）年版		平成元（1989）年版	
生活	.169	理解	.281	気付く	.241	調べる	.164
いろいろ	.146	考える	.207	理解	.116	理解	.154
仕事	.143	人々	.199	人々	.103	気付く	.143
学習	.139	深める	.191	自然	.094	我が国	.132
人々	.139	様子	.186	条件	.089	従事	.108
行う	.137	生活	.165	我が国	.088	地域	.105
関係	.136	必要	.141	地域社会	.086	様子	.102
村	.136	関係	.133	生活	.078	地図	.102
わが国	.135	特色	.129	環境	.078	努力	.098
多い	.120	仕事	.128	人物	.077	配慮	.093

平成10（1998）年版		平成19（2007）年版		平成28（2016）年版	
調べる	.125	我が国	.131	身に付ける	.236
取り上げる	.120	調べる	.120	表現	.199
我が国	.116	活用	.119	考える	.150
調査	.111	取り上げる	.114	解決	.141
働き	.093	調査	.111	判断	.134
活用	.090	地域	.089	捉える	.131
地域	.089	選択	.081	我が国	.130
選択	.079	働き	.081	着目	.122
分かる	.071	分かる	.074	問題	.108
育てる	.070	資料	.074	学習	.106

＊数値は，Jaccard の類似度係数[7]。なお，網掛けは「サ変動詞」及び「動詞」である。
＊総抽出語数（使用）39,081（16,939）語，異なり語数（使用）2,021（1,747）語，957文，882段落

のような特徴を持つものとなっているかを捉えることができよう。

(2)ターニングポイントにおける記述の傾向

①昭和33年版の場合

　図1は，昭和33年告示の小学校学習指導要領「社会編」の記述を対象とし，

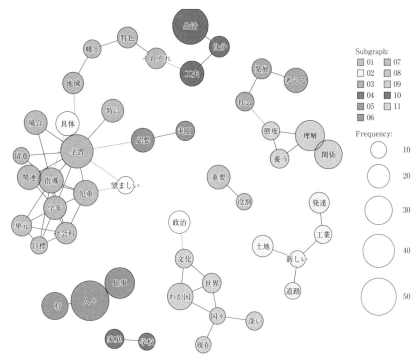

図1　昭和33年版の小学校学習指導要領「社会編」の記述

語句と語句との関係を整理したものである。なお，総抽出語数（使用）8,257
（3,444）語，異なり語数（使用）1,157（952）語，176文，145段落となってい
る。

　図1の特徴を整理すると，昭和33年版で最も大きな語句のまとまりは，
「学習」を中心としたものである。「学習」と同じ文脈にあり，この語句とつ
ながりの強い語句として「児童」，「指導」，「関連」が挙げられる。このまと
まりを構成する語句が使用されている文を抜き出したものが以下である。

　○（略）児童の日常の生活に最も密接な関係がある地域的範囲を，指導の目標や内
　　容に即して決定したほうがよい場合とがある。単元構成や指導の実際にあたって

　は，この点じゅうぶん留意すべきである。
○（内容の(7)および(8)に）関連した学習を行う場合，この学年の児童の能力を考え，歴史的資料（史跡，記念碑なども含む）についても児童の興味に応じた取扱について配慮する必要がある。
○（内容の(12)および(13)は，）児童の時間的意識を育てるものとして重要な意味をもっている。しかしこの学年としては，これらを単独に切り離して単元を構成するのではなく，学校や家庭生活等に関する具体的な学習と関連して取り扱うことが望ましい。

（筆者がつながりの強い語句に下線部を引いた）

　これらの語句のほとんどは，「指導上の留意事項」に示されている。一方，昭和33年版の「特徴づける語句」の上位にあった「生活」は，「学習」を中心とした語句のまとまりとのつながりは低い。「生活」を中心としたまとまりには，「自分」や「工夫」が位置づいており，「家の職業は，家族の生活をささえるもとになっている大切なものであり，友だちの家と比べてみても，いろいろな職業があることがわかる」のように，「生活」が自分や周りの人々との関係についてのものであり，その多くは，各学年で扱う「内容」についての項目に見られる。以上のことから，自分や周りの人々との関係として示される生活についての「内容」と学習の「方法」についての記述がそれぞれとして示されているのが特徴といえる。

②平成元年版の場合

　図2は，平成元年告示の小学校学習指導要領「社会編」の記述を対象とし，語句と語句との関係を整理したものである。なお，総抽出語数（使用）3,847（1,686）語，異なり語数（使用）647（543）語，82文，77段落であった。
　図2を見ると，平成元年版で最も大きな語句のまとまりは，右下の「調べる」，「理解（する）」を中心としたものである。「調べる」や「理解（する）」と同じ文脈にあり，この語句とつながりの強い語句として「我が国」，「人々」，「様子」が挙げられる。このまとまりを構成する語句を含む文は，以下に示

144

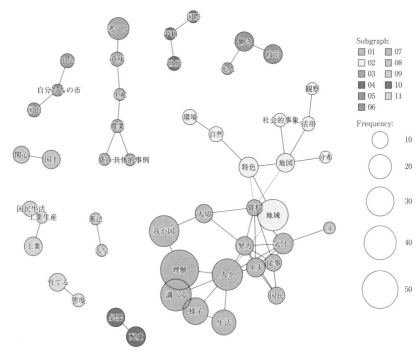

図2　平成元年版の小学校学習指導要領「社会編」の記述

す通りとなっている。

　以下の文にあるように，「調べる」と「理解（する）」は，「〜を調べて」，「〜を理解する」というように，学習の流れとして示されている。一方，「我が国」，「人々」，「様子」といった語句は，「調べる」ことや「理解（する）」ことの対象として使用されている。特に，「様子」は，「人々の生活や社会の様子」，「大和朝廷による国土の統一の様子」，「我が国と関係の深い国の様子」のように，何の「様子」なのかといった具体と併せて示されていることが多い。そのため，子どもの経験によって異なる自分や周りの人々との関係のような抽象的なものが取り上げられていた昭和33年版と比較すると，「内容」の面での縛りが強くなっているといえる。

○我が国の農業について，主な農産物とその分布，土地利用の特色などを地図や資料などで調べて，我が国の農業は自然環境と深いかかわりをもって営まれていることや国民の食料の確保の上で農産物の生産が大切であることなどを理解するとともに，農業の盛んな地域の具体的事例を調べて，農業に従事している人々の工夫や努力に気付くこと。

○我が国の国土の様子について理解できるようにし，環境の保全と資源の重要性について関心を深めるようにするとともに，国土に対する愛情を育てる。

○（略）人々の生活や社会の様子が変わったことや，大和朝廷による国土の統一の様子について理解すること。その際，神話・伝承を調べて，国の形成に関する考え方などに関心をもつこと。

○京都の室町に幕府が置かれたころの代表的な建造物や絵画などについて調べて，そのころ新しい文化が生まれたことを理解すること。

○日常生活における政治の働きと我が国の政治の仕組みや考え方及び我が国と関係の深い国の様子や国際社会の中で占めている我が国の役割を理解できるようにし，世界の中の日本人としての自覚を育てる。

（筆者がつながりの強い語句に下線部を引いた）

③平成10年版の場合

　図3は，平成10年告示の小学校学習指導要領「社会編」の記述を対象とし，語句と語句との関係を整理したものである。なお，総抽出語数（使用）3,660（1,570）語，異なり語数（使用）651（545）語，111文，102段落となっている。

　図3を見ると，平成10年版には特に大きなまとまりはないが，表2で示した「特徴づける語句」であった「取り上げる」，「調べる」がそれぞれ別のまとまりに位置づいており，これらの語句がつながりの弱い関係であることが指摘できる。「取り上げる」は，すべて「内容の取扱い」，「指導計画の作成と各学年にわたる内容の取扱い」に位置づいており，学習を進めていく上での留意点についてのものである。この語句が「特徴づける語句」として取り上げられるということは，他の年次のものより，教師に対する指示が多いことが推察される。

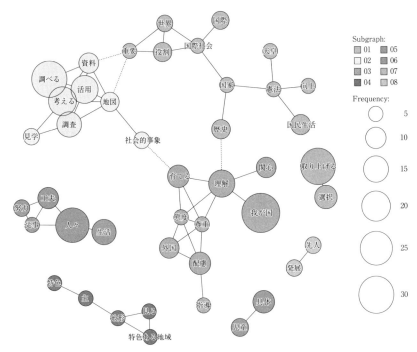

Subgraph:
01 05
02 06
03 07
04 08

Frequency:
5
10
15
20
25
30

図3　平成10年版の小学校学習指導要領「社会編」の記述

　また，「調べる」は，「考える」と同じ文に示されており，「～調べ」て，「～を考える」という学習の流れとして示されている。「理解」は，「調べる」と同じ文には位置づいていない。昭和33年，平成元年版では，「～を理解する」対象として位置づけられていた内容が，考えるための材料として位置づけられようとしていることがうかがえる。

○「取り上げる」の場合
○（イについては，）農家，工場，商店などの中から選択して取り上げること。その際，地域の生産活動を取り上げる場合には自然環境との関係について，販売を取り上げる場合には消費者としての工夫について，それぞれ触れるようにすること。
○「調べる」の場合

> ○地域の人々の生活について，次のことを見学，調査したり年表にまとめたりして<u>調べ</u>，人々の生活の変化や人々の願い，地域の人々の生活の向上に尽くした先人の働きや苦心を考えるようにする。

（筆者がつながりの強い語句に下線部を引いた）

④平成28年版の場合

　図4は，平成28年告示の小学校学習指導要領「社会編」の記述を対象とし，語句と語句との関係を整理したものである。なお，総抽出語数（使用）8,537（3,577）語，異なり語数（使用）890（762）語，254文，236段落となっている。

　図4の特徴を整理すると，平成28年版にも特に大きなまとまりはないこと，表2で示した「特徴づける語句」であった「表現」と「考える」のまとまり，「身に付ける」のまとまりを見ることができる。このことから，「表現」と「考える」は強いつながりがあるといえるが，「身に付ける」はこれらとは異なる文脈に位置づいていることが指摘できる。また，「表現」，「考える」は同じ文に示されていることが多く，「〜を考え，表現する」という学習の流れとして示されている。また，「身に付ける」は，「調べまとめる技能」や「知識・技能」，「思考力，判断力，表現力等」のように，当該学習を通して，子どもが獲得すべき資質・能力を示す際に使用されている。

> ○「表現」，「考える」の場合
> ○建造物の分布などに着目して，身近な地域や市の様子を捉え，場所による違いを<u>考え</u>，<u>表現</u>すること。
> ○（略）生産に携わっている人々の仕事の様子を捉え，地域の人々の生活との関連を<u>考え</u>，<u>表現</u>すること。
> ○「身に付ける」の場合
> ○文化を通して社会生活について理解するとともに，様々な資料や調査活動を通して情報を適切に調べまとめる技能を<u>身に付ける</u>ようにする。
> ○次のような知識及び技能を<u>身に付ける</u>こと。
> ○次のような思考力，判断力，表現力等を<u>身に付ける</u>こと。

（筆者がつながりの強い語句に下線部を引いた）

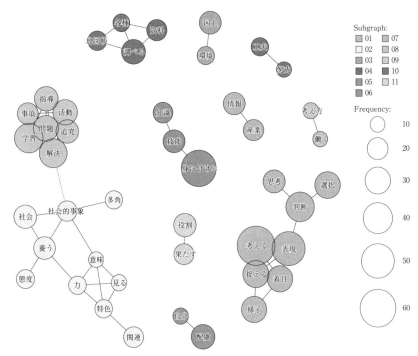

図4　平成28年版の小学校学習指導要領「社会編」の記述

⑵学習指導要領にみられる記述の特徴

　これまで，昭和33年版，平成元年版，平成10年版，平成28年版の小学校学習指導要領「社会編」の記述の変化を見てきた。それは以下のようにまとめることができる。

・昭和33年版～平成28年版にかけて，「名詞」ではなく，「動詞」や「サ変動詞」に関する記述が多くなっており，「内容」についての記述より，動詞やサ変名詞で示される「方法」についての記述が多くなっている。

・ターニングポイントとして，4つの時期についての共起ネットワークの比較から，学習の対象となる「内容」についての扱いの変化が見られた。

①昭和33年版では，「自分の」や「人々の」といった身近な生活が，「内容」として取り上げられており，「内容」とは異なる文脈で，「方法」について記述されている。

②平成元年版になると，学習の対象となる「内容」が「〜の様子」と示されるようになり，身近な生活のように子どもの経験によって異なるものではなく，「人びとの生活や社会」や「大和朝廷による国土の統一」といったより一般的で具体的なものが取り上げられるようになっていた。

③平成元年版においては，「内容」と「方法」がセットで示されるようになった。つまり，

　⑴平成元年版…「〜を調べて」，「〜を理解する」

　⑵平成10年版…「〜を調べ」て，「〜を考える」

　⑶平成28年版…学習の流れが2つ併記されている。

　　・「〜を考え，表現する」

　　・「調べまとめる技能」や「知識・技能」，「思考力，判断力，表現力等」を「身に付ける」

　以上のように見ていくと，授業において扱う「内容」とおこなうべき「方法」を切り離して考える姿勢から，「内容」と「方法」の関連付けが意識されるようになったこと，また，授業で扱う知識の位置づけが，習得すべき「理解」の対象だけでなく，調べたり，考えたりする対象といった点が加わってきていることも指摘できよう。

4．結果および考察

　学習指導要領が法的な拘束力を持つものとして「告示」された昭和33年版学習指導要領から平成28年版について，その記述の変化をKH Coder3を用いた分析で明らかにした。分析の結果，学習指導要領においては，教育で取り扱う知識についての記述から，動詞で示される学習や思考の「方法」について記述が増えていること，扱う知識と方法について，異なる文脈で示され

ていたものが，同じ文脈で示されるようになった点，授業で扱う知識が，「理解」の対象としてだけでなく，「調べたり，考えたり」するための対象としてもとらえられている点，さらに，取り上げられている知識が「自分」や「人々」といった子どもの経験によって異なる身近な生活についてのものから，一般的で具体的な社会についての知識へと変わってきていることが明らかとなった。「暗記科目」として社会科が揶揄される際，学習指導要領で示されている知識を取り上げ，その些末さを批判されることが多い。しかし，その知識の位置づけは，改訂を経て変化してきており，必ずしも「習得」の対象となっていないことは注視すべきであろう。

　また，最後に本研究の意義について言及したい。これまで筆者は，頻出語の整理や共起ネットワークで語句と語句の関係性を整理することにより，ESD の理想・理念がどの程度具体化されているのかについての分析や日本と韓国の教育課程の相違点の可視化を試みてきた。教育をどのように行っていくかは，社会の状況に左右されるものであり，1 つの正解を導くことはできない。しかし，ともすれば，その議論は，抽象的になりがちにもかかわらず，変化をデータとして可視化する試みは少なかったといえる。今回は，それを可視化することで，抽象的な議論を具体的な実践へとつなげる基礎データを提供することができたこともまた，1 つの成果であるといえよう。

（井上奈穂）

註

（1）文部科学省は「「学習指導要領」とは，全国どこの学校でも一定の水準が保てるよう，文部科学省が定めている教育課程（カリキュラム）の基準です。およそ10年に 1 度，改訂しています」と説明している。「「学習指導要領」とは？」（https://www.mext.go.jp/a_menu/shotou/new-cs/idea/index.htm　2022年12月24日確認）

（2）1947年「社会科」が成立した当時は，「カリキュラムの開発や教育実践を自主的に展開していくことを推奨して」おり，「自分たちの学校や地域の教育計画を自分たちで立案することが出来るようになった（片上宗二ほか編，2011，pp.82-91）」

とされる。

（3）「指導上の留意事項」，「指導上の留意点」となっているが，総じて，「目標」に対する「内容」と「方法」と捉えることができる。

（4）開発者である樋口はこの計量テキスト分析の特徴を「テキストマイニング」とよばれる比較的新しい技術を活用しつつ，伝統的な内容分析の考え方を実践に活かす点にある（樋口耕一，2018；p.ⅰ）と述べている。

（5）昭和43年版の社会科の学習指導要領に示された4つの項目と平成28年版で示された3つの項目は，昭和22年に設定された「学校教育法」の第17，18条の「小学校における教育の目的」及び平成19年に改訂された学校教育法第30条2項に示された小学校教育の目的と対応している。なお，本文には示していないが，昭和43（1968）年版と平成28（2016）年版は以下のようになっている。

・昭和43（1968）年版

> 社会生活についての正しい理解を深め，民主的な国家，社会の成員として必要な公民的資質の基礎を養う。このため，
> 1　家庭の役割，社会および国家のはたらきなどそれぞれの特質を具体的な社会機能と結びつけて正しく理解させ，家庭，社会および国家に対する愛情を育てるとともに，自他の人格の尊重が民主的な社会生活の基本であることを自覚させる。
> 2　さまざまな地域にみられる人間生活と自然環境との密接な関係，自然に対する積極的なはたらきかけの重要性などについて理解させ，郷土や国土に対する愛情，国際理解の基礎などを養う。
> 3　われわれの生活や日本の文化，伝統などはすべて歴史的に形成されてきたものであることを理解させ，わが国の歴史や伝統に対する理解と愛情を深め，正しい国民的自覚をもって国家や社会の発展に尽くそうとする態度を育てる。
> 4　社会生活を正しく理解するための基礎的資料を活用する能力や社会事象を観察したりその意味について考える能力をのばし，正しい社会的判断力の基礎を養う。

・平成28（2016）年版

> 社会的な見方・考え方を働かせ，課題を追究したり解決したりする活動を通して，グローバル化する国際社会に主体的に生きる平和で民主的な国家及び社会

の形成者に必要な公民としての資質・能力の基礎を次のとおり育成することを目指す。

(1)地域や我が国の国土の地理的環境，現代社会の仕組みや働き，地域や我が国の歴史や伝統と文化を通して社会生活について理解するとともに，様々な資料や調査活動を通して情報を適切に調べまとめる技能を身に付けるようにする。

(2)社会的事象の特色や相互の関連，意味を多角的に考えたり，社会に見られる課題を把握して，その解決に向けて社会への関わり方を選択・判断したりする力，考えたことや選択・判断したことを適切に表現する力を養う。

(3)社会的事象について，よりよい社会を考え主体的に問題解決しようとする態度を養うとともに，多角的な思考や理解を通して，地域社会に対する誇りと愛情，地域社会の一員としての自覚，我が国の国土と歴史に対する愛情，我が国の将来を担う国民としての自覚，世界の国々の人々と共に生きていくことの大切さについての自覚などを養う。

（6）国立教育政策研究所教育情報データベース「学習指導要領の一覧」（https://erid.nier.go.jp/guideline.html）の「小学校学習指導要領, 社会編」昭和33（1958）年，昭和43（1968）年，昭和52（1977）年，平成元（1989）年，平成10（1998）年，平成19（2007）年，平成28（2016）年告示のデータを参照。（2023年8月18日確認）

（7）Jaccard類似度係数の数値が大きいほど，当該カテゴリー内において特徴的であることを示している。

（8）「特徴づける語句」とはそれぞれの告示年によって特に多く出現している言葉である。またデータの整理の際，「工夫」，「仕事」，「大切」については，ひらがな表記（昭和33年版），漢字表記（昭和42年版以降）であったため，語句を統一するために，表記を漢字に統一した。また，アや(1)など項目を表す字を語句として抽出しないよう操作した。

参考文献

棚橋健治『社会科の授業診断―よい授業に潜む危うさ研究―』明治図書，2007年。

片上宗二・木村博一・永田忠道編『混迷の時代！"社会科"はどこで向かえばよいのか―激動の歴史から未来を模索する―』明治図書，2011。

井上奈穂『社会系教科における評価のためのツール作成の論理―授業者のための評価法作成方略―』風間書房，2015年。

樋口耕一『社会調査のための計量テキスト分析－内容分析の継承と発展を目指して－』ナカニシヤ出版，2018年。

井上奈穂（2021a）「日本の社会科学習指導要領におけるコンピテンシーの展開－2008年版と2017年版の比較分析を通して－」『韓国社会科授業研究』，9⑴，pp. 105-127。

井上奈穂（2021b）「韓日教育課程における「文化」の記述比較：「授業検討会」における学生の認識を踏まえて」『韓国日本教育学研究』，26⑵，pp. 53-69。

井上奈穂（2021c）「日本における ESD 教育の現状と課題－学習指導要領の分析を通して－」Joetsu University of Education, THE PROCEEDINGS OF THE NINTH CHINA-JAPAN TEACHER EDUCATION CONFERENCE, pp. 43-56.

———— コラム ————

How I teach is the message

　欧州の教師教育者団体である InFo-TED（International Forum for Teacher Educator Development）は，教師教育者が専門性として開発するべき知識基盤を13領域に概念化している。その中の１つに "How I teach is the message" がある。他の領域が１単語か複数単語のジャーゴン風に表現されているのに対して，この概念だけが自然な命題で表されている。本命題の類義語に "congruent teaching"（同型性に基づく指導，または言行一致の原則と訳される）がある。InFo-TED がそちらを採用せずに本命題を選んだ点には，一定のこだわりを感じざるをえない。本小稿では，この "How I teach is the message" が社会科の教師教育に示唆することを論じたい。

　本命題をはじめに提起したのは，Russell（1997）だった。教師教育者は教師に求められることを学習者に伝えようとしても，それは不可能だし心に響かない。学習者に持続的に影響を与えうるのは，教師教育者が教えた内容ではなく，教師教育者が採った教え方であると主張した。ただ，"How I Teach" が具体的に何を指すかは論者で異なる。意味も進化しているようである。筆者は，この「教え方」を以下３つの次元に整理して捉えている。

　第１に望ましい教育のモデリング＝教え方である（Kosnik, 2007）。教師教育者は，教師教育の場でより良いとされる教育を自ら実践しなくてはならないという概念である。例えば，安心安全な学習空間づくりが大事と言葉でいうだけでなく，実際にそういう学習空間を自ら構成してみせること，さらにそういう空間を創る方略を言語化して説明することで，はじめてその価値を学習者と共有できるという考え方である。社会科の文脈に引き寄せると，論争問題学習の重要性を説くだけでなく，普段の講義でも一貫してジェンダーや歴史認識をめぐる論点争点を取り上げ，議論と対話を中心に授業を組み立てる。こういう方法を採用したとき，はじめて議論と対話の意義は伝わるという趣旨である。

　第２に専門職者としての構え＝教え方である。（Murray & Kosnik, 2014）。教師教育者は，職業生活を通して教育理念の実現に向けて自ら行動しなくてはならないという規範である。地理学的な思考の重要性を説くのであれば，普段からフィールドワークに専心し，魅力や成果を伝えていないと説得力を欠く。人権を基盤とした市民性教育を説くのであれば，実際に正義志向の団体に参画し活動している姿を見せることが，社会変革の方法や意義をより真正に教えることとなる。

多様性と包摂性を尊重した社会科を追究させたいのであれば，日常的に異なる背景を持つ人々との交流に取り組むことが，自分自身はもとより教師志望者の多様性と包摂性に対する意識を高めることとなる。

　第3に規範・文化の構築＝教え方である（Loughran, 2016; Vanassche et al., 2015）。教師教育は，教師教育者の個人的な行為であると同時に，組織的・制度的な行為でもある。教師教育の基盤となっている組織・制度が大事にする教師像―探究的で省察的な教師か，批判的で研究志向の教師か，それとも政策追従的な教師か―が，教師教育者の働きかけ以上に学習者に影響を与えている現実がある。すなわち，教師教育の実践は当該組織の規範・文化の中に埋め込まれており，教師教育の社会的・文化的・政治的な環境をいかに形づくるかも，教師教育の質を大きく左右する条件となっている。

　このように"How I Teach"は実に多義的である。①教室でのモデリングだけなく，②学会や社会での実践，③組織の規範・文化づくりまでが含まれる。実際にこれらは教師教育の方法として相互不可分に作用していると解される。この知見を社会科に置き換えてみると，社会科教育学ハンドブックに記載された理論を教えることだけが教師教育ではない。むしろ民主的な国家・社会の形成者のあるべき姿を，①教育者として，②研究者かつ市民として，③教育組織として体現し学習者と向き合うことも，教師教育なのである。"How I teach is the message"は，社会科教師を育てる多様な主体や場の存在を示唆している。

（草原和博）

文献

Kosnik, C. (2007). Still the Same Yet Different. In Russell, T. and Loughran, J. (Eds.) *Enacting a Pedagogy of Teacher Education: Values, relationships and practices*. London: Routledge.

Murray J., & Kosnik C. (2014). *Academic work and identities in teacher education*. London: Taylor Frances.

Loughran J. (2016). Teaching and Teacher Education: The Need to Go Beyond Rhetoric. In: Brandenburg R., McDonough S., Burke J., White S. (Eds), *Teacher Education*. Springer, Singapore.

Russell T. (1997). Teaching teachers: How I teach IS the message. In: John Loughran & Tom Russell (Eds.) *Teaching about teaching: Purpose, passion and pedagogy in teacher education*, pp. 32-47. London: Falmer Press.

Vanassche E., Rust F., Conway P. F., Smith K., Tack H., & Vanderlinde R. (2015). "InFo-TED: Bringing Policy, Research, and Practice Together around Teacher Educator Development". In *International Teacher Education: Promising Pedagogies (Part C)*, pp. 341-364.

―――――― コラム ――――――

社会科教員養成における「よい授業」観の相対化

1. 学生が抱く「よい授業」観

　先生になりたい学生の中には，あこがれの先生を持つ者が少なくない。社会科の授業が楽しかったという記憶があるのかもしれないし，成績を伸ばしてくれた先生という思いからかもしれない。

　出会ってきた先生の姿や授業が，学生の社会科のイメージにつながっている。学生にとっての「よい授業」の多くは，それまでの経験に依拠している。しかし，イメージにある社会科がすべてではない。

　教員養成に携わる者として，学生の「よい授業」観をゆさぶりたいと考えてきた。その上で，自分なりの「よい授業」観を構築していってほしいと願ってきた。

2. 「よい授業」観の相対化の難しさ

　「よい授業」観の相対化は，簡単なことではない。困難の背後にはいくつかの要因がある。ここでは二つ挙げておきたい。

　第一に，「よい授業」について考える時間は限られているし，大学の授業担当者が，必ずしも教師教育者としてのトレーニングを積んできたわけではないという現実がある。「よい授業」観をゆさぶる方法論が普及しているわけでもない。

　第二に，教員養成課程で様々な関係者が「よい授業」を語ったとしても，断片的な相対化に留まりがちだという現実がある。たとえば，社会科教育の研究者教員と，実務家の教員，教科専門の教員とでは，「よい授業」の語りが異なる。多様な語りがあれば相対化できそうであるが，それぞれが自身の研究成果や経験，それに基づく「よい授業」観に則して主張を展開していることも少なくない。

　「よい授業」観の相対化には，狭い見識をこえた幅広い視点と枠組みが必要だ。

3. 社会科教育学の成果に基づいて

　相対化の鍵となるのが，「よい（とされる）授業」の分析・評価の理論的な蓄積だ。たとえば，『社会科重要用語事典』（棚橋・木村編，2022）には，「社会科教育の理論的基盤」として，「理解」「説明」「問題解決」「認識」「意思決定」「社会参加」という項目がある。社会科教育学の授業研究の成果から導かれたこれらの用語は，社会科の授業を分類し，性格規定するための枠組みとして機能してきた。

　さて，上記の枠組みと同じではないものの，社会科教育学の成果を応用して授

業の型を比較検討したのが，棚橋（2007）である。この文献は，「よい」とされる様々な授業の分析を通して，「よい授業」観をゆさぶることを主題としている。著者の主張や評価も示されてはいるが，その姿勢は授業を類型的に整理し，市民的資質育成の観点から「よさ」と課題を抽出することに貫かれている。本文献では，「よい授業」観の相対化を促すアプローチが示唆されている。

4．教職大学院への応用

　「よい」とされる授業を分析し，その意義と課題を検討する試みは，学部教育のみならず教職大学院においても大切だ。

　教職大学院の学生の多くは，様々な「よい」とされる授業を理論的に検討し，そこに見られる課題の実践的な究明・克服を試みる。筆者の指導学生の一人は，「説明」型の授業の「よさ」と課題を検討した。その上で，従来はあまり考慮されていなかった態度形成との関係に焦点を当て，社会参加意欲の向上に資する「説明」型授業のあり方を研究の主題とした。

　「意思決定」型の授業について考察し，学習過程の具体化を試みた学生もいる。「意思決定」型の「よい授業」は数多く示されてきたが，実践の場では高度な思考を子どもに求めることになる。そこで，小学生が意思決定できるようにするためにはどのような手立てが必要かということを主題にして学生は研究を進めた。

　これらは，「よい」とされる授業の「よさ」を認識しつつ，さらなる課題に切り込んでいったものだ。社会科教育学の成果を踏まえ，授業改善に資する実践的研究を行うことで，教員としての資質向上につながるのではないかと考えている。

5．「よりよい授業」を求めて

　学生の「よい授業」観を再構築させるためにも，「よい授業」をめぐる研究の厚みが望まれる。ただし，どのような授業でもよいという悪しき相対主義では，「よりよい授業」は生まれない。枠組みとなる型そのものを吟味したり，子どもの実態や状況に応じた検討を試みたりして，常に省察していく姿勢が重要だ。そのような研究の場と学生との出会いの機会を積極的につくっていきたい。

（山田秀和）

参考文献

棚橋健治（2007）『社会科の授業診断―よい授業に潜む危うさ研究―』明治図書出版。
棚橋健治・木村博一編（2022）『社会科重要用語事典』明治図書出版。

第Ⅲ章　実　　践

「見方・考え方」を働かせ，自己調整を行う
持続可能な社会科実践
―単元「国土の地形の特色」の場合―

1．はじめに

　学校現場では，平成29年の学習指導要領の改訂に伴い，「見方・考え方」の指導を重視することと「主体的に学習に取り組む態度」（中央教育審議会，2019）を涵養することに関心を持ちつつも，苦悩を抱える教師がいる。筆者もその一人である。

　「学習」を自己実現の手段や過程であると意義づけ，その成果を他の学習や状況に転移させることができる「自己調整学習」への関心は，学術的にも高まっている（岡田，2022）。大学院生時代の筆者も，児童が学習した「概念的知識」や「見方・考え方」を市民としての社会生活に自律的に転移させ，変わりゆく社会の中で生涯学び続けようとする市民的資質を高める教育論・評価論として「自己調整学習」を位置付けてきた（城戸，2018）。

　しかしながら，小学校現場にいざ入職してみると，「見方・考え方」が指導の中に組み込まれていない様子や，「態度」観点の捉え方が従前のままである様子など，指導要領や研究動向の進展が授業・学習に十分反映されていない実態に直面した。また，筆者自身も，一単元での研究授業では可能でも，年間を通して実践を持続していくことは困難であると強く感じていた。小学校現場の教育課題としてはありふれているが，子どもたちにこれからの社会を生き抜く力を育てるために，どうにか解決したい優先順位の高い課題である。

　そこで本稿は，特に「小学校教育の特性」を踏まえた上で，「見方・考え

方」を働かせる社会科の自己調整学習を教師・児童双方にとって持続可能な形で実践していくための要素について検討する。具体的には，第5学年の単元「国土の地形の特色」をモデルとして提案し，持続可能な形で実践していくための6つのポイントをいかに反映させたのか，その論理と実践を示していく。

2．小学校社会科授業・学習における課題と「持続可能性」

⑴小学校教育の特性

　朝倉（2013）は，小学校教員は，学級担任制を背景として「自らの専門性について，子どもとのかかわりの中で発揮される通教科的な授業力，社会的環境における個性伸長や集団育成の力を重視している」（朝倉，2013，p.6）とし，小学校教育には制度上及び児童の発達段階に特性があると述べる。ここでは，小学校教員である筆者からみた制度上・業務上の特性を整理する。

特性①学級担任制

　令和4年度から，小学校でも高学年を中心に教科担任制が導入され始めたが，学級担任制が基盤となるのは現状変わりない。したがって，学習進度や活動等，ある程度学年団として統一する必要がある。また，毎年教員の学年配置が変わることから，年度を超えて実践を継続させることは難しい。

特性②担任が授業する教科，担当する業務の幅

　学級担任制をとる小学校現場では，一人の担任が担当する教科は多様である。筆者も現在，国語科や社会科などの5教科，特別の教科道徳及び特別活動を受け持つ。また，生徒指導，保護者対応，行事へ向けた十数時間の指導，校務分掌など，他校種の教員と同様に多種多様な業務を担当している。

特性③業者テストの使用

　小学校では，殆どの場合教材出版会社の作成したテスト（以下，「業者テスト」とする）を購入する。業者テストを購入すれば，授業者が評価規準・材料・方法を設定する自由度は下がる。しかし，特性①②に挙げた状況の中，

学年全ての児童に同様の評価を実施するには頼らざるを得ない。これを有効に活用しながら，社会科の目標，授業者の思い，子どもの実態や思いをすり合わせ，通年持続可能な社会科実践のあり方を模索していく必要がある。

(2)児童のもつ「社会科の学習」のイメージ

　では，学習の主体である児童は，社会科の学習をどのようなものだと捉えているのだろうか。年度当初，実態把握のためにアンケートを実施した。

　②の設問では，約94％の児童が「好き」，残り6％の児童は「どちらでもない」と回答し，「好きではない」と回答した児童はいなかった。年度初めに否定的な回答は避けたこともあろうが，概ね「これまでの学習が楽しかった」「調べて，知らないことを知るのが楽しい」など，理由を答えていた。

　⑤の設問は自由回答とし，およそ60％の児童が回答した。内訳は，「新聞・ポスター作り」「スライド作成・発表」「社会科見学」であった。④でも同様の活動が挙がった。児童は調べ学習をして成果物を作成することに意欲的である傾向が見られたが，その反面，その他の活動は挙がらず，"授業を受け，成果物を作って，テストをする"というイメージが強いようだった。

　③の設問への回答に①の回答の理由を合わせても，全体的に「役に立つ」と回答した児童が多かった。その理由は，"仕事や防災について知っている

表1　初回授業で行ったアンケートとその結果

設問
①社会科はどんな教科だと思いますか？
②社会科の学習は好きですか？　それはなぜですか？
③社会科の学習は，役に立つと思いますか？　それはなぜですか？ また，役に立つと答えた場合，"どんな風に役立つか"という考えがあれば教えてください。
④4年生までで心に残っている社会科の学習はありますか？
⑤社会科の学習で，してみたいことはありますか？

（筆者作成）

164

と将来役に立つ”“自分たちの地域や日本について知っていると，他の人に
紹介できる”“世界について知っていると，行ったときによく分かる”など，
知識が役立つ，便利であるという表面的なことに留まるものであった。その
地域・国・世界に生きる市民として考え行動していく資質を身につけるとい
うことからは離れた認識をもっているという課題が見られた。

　自己調整しながら自らの市民的資質を高めていくためには，社会科は“知
識を知る教科”ではなく“見方・考え方を働かせながら学習したことを生か
していく教科”であると児童自身が認識を新たにする必要がある。“学習し
ていることが，実生活や実社会の中で自分の資質として生きる”という意義
を感じながら学習をすること，年間を通してその学習観を深め続ける経験を
させることが必要ではないだろうか。

⑶持続可能な小学校社会科実践に取り入れる要素

　以上のように，小学校教育の特性と児童の認識の両側面から課題が見られ
る。これらを少しでも乗り越えつつ，年間を通して持続可能な社会科の実践
を行っていくには，最低限どのような要素を取り入れる必要があるのだろう
か。本稿では，以下の6つの要素を提案する。

　①②は主に小学校の特性による制約・課題を乗り越えるための要素である。
業者テストを用いるからには，子どもがそれに対応できる授業を行う必要が
ある。そのため，獲得させたい知識・概念は，テストの設問から焦点化し，

表2　持続可能な社会科実践に取り入れる要素

①業者テスト＋教科書＋資料集を拠り所にした教材研究・授業準備
②業者テスト＋まとめ活動やパフォーマンス課題による評価
③単元初めのガイダンスの実施
④毎時間の振り返りの実施
⑤児童による方略の選択・検討・設定
⑥見方・考え方の児童への明示

（筆者作成）

それを基に教科書や資料集の記述や資料をどのように提供するか検討する。

　これは，どの小学校教員も日常的に行っているだろう。しかし，優れた業者テストであっても，同じ教科書を使う全国の児童が解くことのできる問題となると，例えば思考力・判断力・表現力をみとる設問でも知識の確認に留まりがちである。そこで，単元末には業者テストに加えまとめ活動やパフォーマンス課題を設定する。これには，多面的に児童の学習の成果をみとるというねらいがある。また，それ以上に児童に「テストで満点をとるだけが学習ではない」という認識をもたせるねらいもある。様々な形で，様々な学習成果が評価されると認識することで，児童の学習観が転換すると考える。

　③〜⑥は，主に児童の学習観を転換させ，「見方・考え方」を持続的に働かせていくための要素である。③では，各単元の目標や評価基準・方法などを提示する。これによって，児童は学習を振り返り，調整しやすくなる。また，児童から変更や修正の提案があった場合は，再度検討する。④では，③に沿って毎時間振り返りを実施することで，自分が学習の中でどのようなことに気づき，考え，目標に近づいたのか自己評価させる。このような自己評価は，学習における自己効力感を高める心理的な過程であり，自己調整学習において主要な役割を果たす（L. B. ニルソン，2017，p. 13）。また，人前での発表が得意でない児童も，振り返りの記述が評価材料になることで安心感をもって授業に臨むことができる。⑤では，例えば授業中で調べるツール（資料集やタブレット端末など）や使用するワークシートを選択できるようにする。児童が自分に合った方略を進んで選択し学習を進める機会を設けることで，実社会で自己決定できるようになることをねらいとする。⑥では，「見方・考え方」を子どもに明示する。川口ほか（2019）は，「歴史的な見方・考え方」に共通性をもつ「方法的概念」を明示することで，どのような視点や方法を用いて探究を進めているのか自覚しつつ学習できると提案している（川口ほか，2019）。小学校社会科においても，児童が見方・考え方を獲得し，自覚的に働かせることができるようにするために有効であると考えた。

　このように，年間を通して，教師による実践・評価が持続可能な形，そして児童による「見方・考え方」の獲得・活用や，自己調整が持続可能な形を確立していくことを目指す。

3．第5学年　単元「国土の地形の特色」の実際

⑴単元の位置づけ

　本単元は，第5学年の社会科の導入単元の二つ目であり，5月上旬に実施した。この単元を選定した理由として，以下の二点がある。一点目は，導入単元として，児童に対し「見方・考え方」や，自己調整学習の要素を取り入れた学習のスタイルを示す時期ということである。児童の学習の変化が表れやすい単元であると考えた。二点目は，小学校の特性が現れやすい時期に実施されるということである。この時期は，新学期で業務が非常に多く，授業準備に時間を割くことが難しい。そのため，学校現場の中で現実的に取り入れていく様子が見えやすいと考えた。また，進級し環境の変わった児童と教師との関係が構築され始める時期である。初回の授業よりも，児童の気づきや考え，思いが自由に表れる時期の単元だと考えられる。

⑵本単元で活用する「見方・考え方」と単元をつらぬく学習問題

　前単元「1．わたしたちの国土」では，世界の中の日本の空間的な位置づけや特色について学習している。日本の国土には特色があるということに気づき，児童は国土の広がりについて関心をもち始めている。

　本単元では，前単元の内容や見方・考え方を踏まえながら，国土の地形の全体的な特色をつかむことがねらいとなる。業者テストや教科書によれば，国土の山地，平地，火山，河川の位置や広がり方やそれらの関係が，特色としておさえるべき事項となる（要素①）。それを踏まえて，本単元では，山地・平地，河川・湖などの位置や空間的な広がり，関係を中心に，日本の国土の特色について探究させることとした。よって，本単元で活用する「見

表3　本単元の学習問題と学習計画

時	○学習活動，問い	資料
1	○広島県内や，日本の様々な地域の写真を比較し，地形に違いがあることに気づかせる。（資料①②） ○日本の国土について学習問題（単元のMQ）を立てる。 MQ：位置や広がりに注目すると、日本の国土の地形にはどのような特色があるのだろうか ○ガイダンスシートを基に，単元計画，目標，「見方・考え方」を共有し，単元の見通しをもつ。	資料①広島県内の写真 資料②日本の様々な地域の写真★ ガイダンスシート
2	○前時で写真を比較した際の気づきから，山地や平地に関することと，河川や湖に関することを分類する。（資料①） ○本時では山地や平地に注目することを把握し，学習問題を設定する。（資料③） SQ1：位置や広がりに注目すると、日本の山地や平地にはどのような特色があるのだろうか ○日本地図に山地や平地を書き込み，山地や平地の位置や広がりについて調べる。（資料④・⑤） ○山地や平地の詳細な地形について教科書を用いて調べ，それぞれを簡単に絵で描き違いを把握する。（資料⑥）	資料③色別標高図 資料④日本の主な火山（地図）★ 資料⑤日本の主な地形（地図）★ 資料⑥日本の様々な地形（挿絵）★
3	○世界の河川と日本の河川の写真を比べ，日本の河川にも特色があることに気づく。（資料⑦） ○本時の学習問題を設定する。 SQ2：位置や広がりに注目すると、日本の河川や湖にはどのような特色があるのだろうか ○地図（資料⑤）に，河川や湖を書き込み，位置や流れ方，前時の地形との関係について調べる。（資料⑧） ○日本の主要な河川と世界の主要な河川の距離と傾きを比較したグラフから（資料⑨），日本の河川が短く傾きが急である理由を，国土が狭いことや中央にある山脈と関連付けて考える。	資料⑦アマゾン川，ナイル川，木曽川の写真 資料⑧日本の主な川や海★ 資料⑨世界の主な川の長さと傾き（グラフ）★
4	○2・3時の学習成果をもとに，日本の国土の特色について，「まとめシート」にまとめをする。 MQ：位置や広がりに注目すると、日本の国土の地形にはどのような特色があるのだろうか	

（筆者作成）

※資料中の★が付いたものは，教科書に掲載あるいは添付されたもの。

方・考え方」を「位置や空間的な広がり」と設定し，単元を貫く問い（MQ）を「位置や広がりに注目すると，日本の国土の地形にはどのような特色があるのだろうか」と設定した。また，SQを各時の学習問題とし，MQと同じような構成にすることで，児童が探究の方向性をつかみやすいようにした。

(3)各時の概要と児童の活動の様子

本単元では，児童の学びの成果や変化が，記述よりも児童の授業中の活動の様子やつぶやきによく現れていたことから，それらを中心に記述していく。

第1時では，MQを設定し，ガイダンスシートを用いて単元計画，目標，「見方・考え方」を共有し，見通しを持たせた（要素③）。目標を理解するまでには至らないが，児童なりに学び方の方向性は感じていた。「Sはどうすればつきますか。」という質問や（Sは実態を見て検討することを伝えた），「僕は文章が苦手だから振り返りでAはとれないかも。」という発言があり，自分の課題を感じたり，高い目標に向かっていこうとする姿勢が見られた。

第2・3時では，MQの解決へ向けて資料を読み取り，特色について探究する学習を行った。児童が捉えやすいよう，「位置」や「広がり」に"注目する"と表現してワークシートや黒板上に明記し（要素⑥），説明してから資料を読み取らせた。その結果，例えば第2時には，地図上に山地を書き込んだ後に「山脈は日本の中心に多い」「火山は関東，九州，島に多い」という気づかせたい事項に加えて，「東日本は山脈や山地の数が多く，その一つ一つが小さく，短い。西日本は山脈の数自体は多くないが，一つ一つの面積が大きく，距離が長い。」「関東から中部のあたりは山地同士が近く密集している」といったように，児童なりに「位置」や「広がり」に焦点化したさまざまな記述・発言が，教師の想定を超えて多くみられた。振り返りでは，ガイダンスシートを確認し，Aの基準に達するには何を書けばよいのかじっくり考え，取り組む姿が見られた。また，評価したノートを返却した際には，「もう少し詳しく書けばAになったなあ。」「今度は友達のことも書いてみよ

2. 国土の地形の特色

学習問題

_____
_____

目標と評価の付け方

	知識及び技能	思考力・判断力・表現力等	主体的に学習に取り組む態度
目標	日本の主な山地，平地，河川の名前や場所を答えられる。日本の国土の特色について，「山脈」「河川」「山地」「平地」などの言葉を使って説明できる。	日本の国土の特色について，「山地」や「平地」の位置や広がり，「河川」との関係に注目して，考えたことを書いたり伝えたりすることが出来る。	学習問題に対し進んで調べたり，目標をもとに自分の学習を振り返り，新たに調べたいことを見つけたりしている。
	学習したことを分かる・できる	見た・知ったことから考える・伝える	目標にむかう振り返る
評価の仕方（ABC、もしかしたらS）	〈テスト〉 A：90点以上．B：70点以上		〈振り返り〉 A：「振り返りの視点」を使って振り返りができている。 B：分かったこと・思ったことを書いている。
	〈まとめシート〉 A：日本の国土の特色について，「山脈」「河川」「山地」「平地」という言葉を使って，まとめることができる。 B：日本の国土の特色について，「山脈」「河川」「山地」「平地」という言葉のいずれかを使って，まとめることができる。	〈まとめシート〉 A：日本の国土の特色について，山地，平地，河川や湖の位置や広がり，それらの関係に注目してまとめることができる。 B：日本の国土の特色について，山地，平地，河川や湖の位置や広がりに注目してまとめることができる。	〈まとめシート〉 A：授業で学習したことを自分で振り返り，まとめたり，新たに調べたいことや気になったことを書こうとしている。 B：授業で学習したことをまとめようとしている。

※そのほか，授業中の取り組み方・発言も頑張るほどプラスです！

図1　ガイダンスシート　　（筆者作成）

う。」と，ガイダンスシートに立ち返り，自分の振り返りを省察する姿が見られた（要素④）。

　第4時には，まとめシートを作成した（要素②）。ここでは，シートを［レベル1：すべて語句穴埋め］，［レベル2：地図に語句穴埋め＋記述］［レベルスペシャル：白紙（地図を貼るなどして自力まとめ）］の三種作成し，児童個々人に使用するシートを選ばせた（要素⑤）。レベルと評価は必ずしも対応しないのだが，それぞれの難易度を児童に分かりやすくするため，このような表記にした。なお，そのことも児童に伝えてある。

　児童は最初，レベル1を29名中17名，レベル2を8名，レベルスペシャル

表4　児童が選んだまとめシートの変化

授業前			調整後	
レベル	人数		レベル	人数
レベルスペシャル	4		レベルスペシャル	7
レベル 2	8		レベル 2	16
レベル 1	17		レベル 1	6

（筆者作成）

を 4 名が選んだ。レベル 1 は学力低位の児童へ向けて作成したのだが，想定よりも多くの児童が記述や自力でのまとめに自信がないという実態が見られた。しかし，第 4 時の開始時にガイダンスシートに立ち返り目標や評価基準を確認すると，その時点でレベルを上げる児童が 3 名現れた。また，始めてみると，「思ったよりできたのでレベルを上げてもいいですか。」「ノートにまとめを書き加えてもいいですか」と要望してくる児童や，「レベル 2 だけどワークシートに絵や図を書き込んでアレンジするのは良いですか」とまとめ方について提案してくる児童が多く見られた。反対に，自分には元々選んだシートが適切だと再認識し，変わらずじっくりと取り組む児童もいた。

　活動中，全体に「記述でも白紙でも書けているね。」と声を掛けると，「意外とできる！」という声が多数挙がった。最終的に，55％以上の児童がレベルアップや自分なりの書き加えをして，評価も約半数が「思考力・判断力・表現力」と主体的に学習に取り組む態度」のいずれか，または両方 A に到達した。これは，基準 A の想定が児童の実態に対し低かったということも考えられる。しかし，多くの児童がレベル 1 を選んだ当初の状況から，自分の能力を肯定的に捉えなおし，最大限よりよいシートにしようと自己調整していき，それが学級中に広がったという変化は，本稿の目指す実践に近づいたと言える。授業後には，「まだやりたかった！」とさらに意欲をもつ児童や，「今回のまとめは絶対 A だと思います。自信があります。基準は絶対満たしていると思う。」と教師に話す児童も見られた。

4．おわりに

　本稿では，「見方・考え方」を働かせる社会科の自己調整学習を持続可能な形で実践するための要素について検討した。実際，示したモデルが理論を反映できているか，自信はない。しかし，自身のこれまでの研究成果を小学校現場に生かそうとする試みは示すことはできたのではないか。修士課程を経て小学校現場に身を置く筆者がすべきことは，単発の研究授業や，ましてや現場では困難と切り捨てることではなく，可能な形で理論を実践に落とし込み，経験知を積み重ね持続させていくことであると考える。

（石原ナツミ）

参考文献

中央教育審議会（2019）「児童生徒の学習評価の在り方について（報告）」では，主体的に学習に取り組む態度には，①学習に向けた粘り強い取組を行おうとする側面と，②その粘り強い取組を行う中で，自らの学習を調整しようとする側面があるとされている。

岡田涼（2022）「日本における自己調整学習とその関連領域における研究の動向と展望：学校教育に関する研究を中心に」日本教育心理学会編『教育心理学年報』61，pp. 151-171。

城戸ナツミ（2018）「自己調整学習者育成のためのメタ認知的学習・評価方法のあり方：高等学校地理歴史科授業を事例として」中国四国教育学会『教育学研究紀要』64，pp. 477-482。

朝倉淳（2013）「初等教育教員に求められる専門性に関する一考察」広島大学大学院教育学研究科初等カリキュラム開発講座『初等教育カリキュラム研究』1，pp. 3-8。

L. B. ニルソン著，美馬のゆり，伊藤崇達監訳（2017）『学生を自己調整学習者に育てる―アクティブラーニングのその先へ―』北大路書房。

川口広美，城戸ナツミ，青本和樹，久保美奈，篠田裕文，竹下紘平（2019）「主体的な歴史的探究を促す日本史授業開発―単元「摂関政治と院政」の場合―」広島大学大学院教育学研究科付属教育実践総合センター『学校教育実践学研究』25，pp. 67-76。

パフォーマンス課題を中心とした単元構成
―単元「日本の諸地域　～こちら熊野トラベル修学旅行課～」の場合―

0．はじめに

　「指導と評価の一体化」という言葉と出会ったのは，おそらく学部2年次の棚橋先生の講義だったと思う。それまで評価「される」側しか経験してこなかった当時の私は，「評価は学習者のよりよい学びのためのもの」という視点に，目から鱗が落ちる思いだったのを記憶している。実践者として日々生徒を評価「する」立場として，定期試験を作り，評定を出す…といった業務に追われていると，学習者の学びに資するという学習評価本来の目的を，ともすると忘れがちになってしまう。この度このような機会をいただいたことで，改めて，棚橋先生に学んだ者として，学習者のための評価を実践していく思いを強くした。

1．単元「日本の諸地域」[(1)] の概要

　本単元は，学習指導要領においては，「2内容」の「C日本の様々な地域」の中項目「(3)日本の諸地域」に該当する。この中項目では，様々な考察の仕方を基にして，幾つかに区分した日本のそれぞれの地域について，学習を進めることになっており，7地方区分にしたがって各地方ごとに学習を進めていくと，30時間を超える大きな単元となる。そのため，中項目全体としてどのような資質・能力を身に付けるかという視点，あるいはそれを適切に評価する視点が弱くなる場合があるという課題がある。

　そこで本稿では，とくに中項目全体を見通した単元開発とその評価に重点を置いて教育内容を開発し，実践した内容を述べていくものとする。

表1　単元の概要

1．単元名		
日本の諸地域　〜こちら熊野トラベル修学旅行課〜（全31時間）		
2．単元の目標		
様々な考察の仕方を基にして，各地方の地域的特色や地域の課題を理解させるとともに，中核となる事象の成立条件を，地域の広がりや地域内の結び付き，人々の対応などに着目して，他の事象やそこで生ずる課題と有機的に関連付けて多面的・多角的に考察し，表現させる。		
3．単元の評価規準		
知識・技能	思考・判断・表現	主体的に学習に取り組む態度
日本の諸地域について，様々な考察の仕方を基にして，各地方の地域的特色や地域の課題を理解している。	日本の諸地域について，様々な考察の仕方に基づいて見出した事象の成立条件について，地域の広がりや地域内の結び付き，人々の対応などに着目して，他の事象やそこで生ずる課題と関連付けて多面的・多角的に考察し，表現している。	日本の諸地域について，粘り強く地誌学習に取り組むとともに，主体的に考察し，表現しようとしている。

　表1に，単元の概要を示す。

　中項目全体を1つの大単元とし，単元名を「日本の諸地域　〜こちら熊野トラベル修学旅行課〜」と設定した。単元全体の目標および評価規準は表の通りである。

2．単元の構成

　単元構成を表2に示す。

　単元構成上の工夫として，次の3点を挙げたい。

---

① 　単元の導入で，中心となる5つの視点を示す。
② 　単元の導入で，まとめで取り組むパフォーマンス課題を示す。
③ 　各地方の学習を意図をもって並べる。

表2　単元の構成

次	学習内容（配当時数）	中心となる視点（考察の仕方）
導入	オリエンテーション・パフォーマンス課題の提示(1)	
一	北海道地方(4)	自然環境
二	東北地方(4)	自然環境，生活・文化
三	九州地方(4)	自然環境
四	中部地方(4)	産業
五	近畿地方(4)	人口，都市・村落
六	関東地方(4)	交通・通信
七	中国・四国地方(4)	交通・通信
まとめ	パフォーマンス課題への取組および発表(2)	

　オリエンテーションとして，単元を通して生徒に獲得させる「地域を見る視点」すなわち学習指導要領における様々な「考察の仕方」を提示する。その上で，まとめで取り組むパフォーマンス課題を提示し，学習の見通しを持たせるとともに，学習意欲を高める。この単元の導入部分については，中心的な学習場面として次節で詳述する。

　また各地方を学習する順番は，教科書では九州地方から北上するように構成されている(2)。これを本単元では表2に示したように変更している。これは，単元を通して獲得させる視点（考察の仕方）を明確にし，視点の獲得がスムーズにできるようにするためである。単元の後半に進むほど，それまでの学習で獲得した視点を生かして学習を進めることができるようにする意図もある。

3．中心的な学習場面－導入－

(1)単元から見た位置づけ

　中心的な学習場面として，単元全体の導入部分について述べていく。

　本単元は，学習指導要領に示される様々な考察の仕方（視点）を用いて，

7地方区分に基づいた日本の諸地域について学習するものである。学習の中心となる様々な考察の仕方（視点）について，オリエンテーションとして導入部で提示することで，それらの視点に基づいて問いを立て，学習を進めていくことを明確にすることができる。こうすることで，本単元の学習は，5つの視点に基づいて問いを立て，問いを追究していくことで諸地域の地理的特色を明らかにするという，動態地誌的な学習としての意義をより強めることができると考える。

(2)手だて

実際に使用したプレゼンテーション資料も示しながら，導入部の手立てについて述べていく。

①場面設定

はじめに場面設定を行った。まず授業者の名前を入れた名刺を提示した。名刺の肩書は，「㈱熊野トラベル　修学旅行課　課長」となっている。次に生徒用の名刺を提示した。生徒用の名刺の肩書は「㈱熊野トラベル　修学旅行課　主任」となっており，これからの学習は熊野トラベル株式会社という架空の企業の社員として取り組んでいくという場面設定を行った。その上で，校長から修学旅行の行程に組み込む体験プログラムを提案してほしい旨の仕事の依頼が来ているという設定のメールの文面を提示し，その依頼に応えるプレゼンテーションを作成することが，単元の最後に取り組むパフォーマンス課題であることを示した。

②視点（考察の仕方）の確認

次に単元構成を示し，各地方の並びが教科書と異なることに気付かせ，その理由を考えさせた。生徒の発言を生かしながら，視点をメガネのレンズに例えた図1の資料を用いて，どんな視点で地域を見るかによって異なる地域

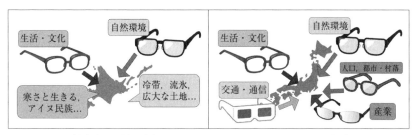

図1　視点をメガネに例える　　　　　　図2　5つの視点

的特色や地域の課題が見えてくることを確認した。

　その上で，図2の資料を用いて単元全体を通して5つの視点を用いて各地方を学習していくこと，また前の単元の学習を生かしながらスムーズに視点に基づいた追究ができるよう，中心となる視点が自然環境→生活・文化→産業→人口，都市・村落→交通・通信の順番となるよう構成していることを確認した。

4．学習評価・指導の実際―パフォーマンス課題―

(1)概要

　パフォーマンス課題は，「Mission　修学旅行課の社員として魅力的な体験プログラムを提案せよ！」と題して，図3の資料を用いて説明し，取り組ませました。生徒には条件や取り組み方の説明，具体例を入れたプレゼンテーションのフォーマットを Google Classroom を用いて課題として割り当てた。完成したものを1人1分程度で学級ごとに発表させ，すべての発表終了後，最も魅力的なプログラムだと考えたものを1つ選ばせ，Google Forms を用いて投票させることで，最優秀プレゼンテーションを決定した。プレゼンテーションそのものに加えて，発表後に各自のプレゼンテーションを修正して再提出させたものを評価対象とした。

私の提案するプログラムは…

（自分のプログラムのキャッチコピー）
（地方名）　　×　　（視点）

体験プログラムの内容
（1）そこで見る／活動する内容。
（2）生徒に何を学ばせるか。
（3）これを提案する理由。
※少なくともこの3点の内容を入れて，スライドを作成する。

　各スライドにタイトルを入れる，枚数を増やす，写真などの資料を引用する（ただし出典を明記すること）などは自由！追加で調査が必要な時は，教科書・資料集，インターネットを使って情報を集めてOK！

図3　パフォーマンス課題の概要

⑵評価規準

　パフォーマンス課題の評価規準等をまとめたものが表3である。生徒が完成させたプレゼンテーションのどこを中心に評価するかを併せて示している。

⑶評価の実際

　生徒の作成したプレゼンテーションを図4・5に示した。それぞれを表3の評価規準（基準）に照らして表4のように評価した。

5．おわりに―本単元の成果と課題―

　本単元の成果として，次の二点を挙げたい。

　第一に，学習指導要領の中項目全体を通した大単元として開発したことで，中項目を通して育成する資質・能力を明確にしたことである。

私の提案するプログラムは…

火山とともに生活する
九州地方　×　「自然環境」

1．そこで見る／活動する内容
九州地方には火山が多いのが特色

(例) 阿蘇山，桜島，雲仙岳，霧島山，くじゅう連山など

火山が与える影響は多い分恵みもあることがわかったので火
山の多い九州地方で火山につい
て見たり活動したりする。

別府温泉と黒川温泉に行く
桜島の市民と克灰袋に火山灰を集める。

2．生徒に何を学ばせるか
いつ噴火するかわからない火山が多くある地方に行く
ことで生徒たちの自然災害の怖さが学べたり，自然を
活かすことの良さを学ばせる。

3．これを提案する理由
自分たちの住んでいる地域ではあまり関わることのな
い火山について知ることで自然の恵みと怖さを知るこ
とができ，自然を大切にする意識や自然災害についての
の危機感や意識をすることができると思ったから。

図4　生徒Aのプレゼンテーション

私の提案するプログラムは…

再生可能エネルギー
～次世代を担うエネルギーの秘密～
九州　×　自然環境

1．そこで見る／活動する内容

北九州次世代エネルギーパーク
　　エネルギー技術と北九州市が目指す低炭素社会を楽しく学ぶことができます。ここは多種多様なエネルギー施設が集まっていて，エネルギー施設を見学したり，エコタウンセンター別館内にある展示　コーナーでエネルギーについて学んだりすることができる場所です。

施設の例
　　・陸上風力発電施設
　　・洋上風力発電施設
　　・太陽光発電施設
　　・バイオマスを利用した再生可能
　　　エネルギー施設
　　　　　　　　　　　　　　など様々

出典　北九州市エコタウンセンター公式サイト

2．生徒に何を学ばせるか

エネルギーとは何なのか
新しいエネルギーにはどんなものがあるのか
発電所の仕組み
化石燃料の問題
再生可能エネルギー
エネルギーについて北九州市はどんなことをしているのかなど，
エネルギーに関するいろんなことを体験しながら学べます。

出典　北九州市エコタウンセンター公式サイト

3．これを提案する理由

日本の化石燃料への依存
　　2019年の電源別発電量のうち火力発電の占める割合は，天然ガス37.1％，石炭31.9％，石油等6.8％と全体の75.8％にも上ります。化石燃料は温室効果ガスを排出するため地球温暖化に繋がります。

中東への輸入依存
　　そして，化石燃料の輸入の多くを中東地域に依存しています。中東地域には政情が不安定な国も多く，政変や紛争などが発生すれば，日本へのエネルギー供給に支障が出る恐れがあります。

　　日本は，これら以外にもエネルギーについてたくさんの問題を抱えています。その問題はどのようにすれば解決できるのか，この問題がどれだけ大きな問題なのかを理解してもらうためにこの提案をしました。

図5　生徒Bのプレゼンテーション

表3　パフォーマンス課題の評価

観点	ア　知識・技能	イ　思考力・判断力・表現力	ウ　主体的に学習に取り組む態度
どこで評価するか	(1)そこで見る／活動する内容。(2)生徒に何を学ばせるか。	(3)これを提案する理由。	最終プレゼンテーション全体
評価規準（B評価）	日本の諸地域について，それぞれの地域的特色や地域の課題をふまえて体験プログラムを提案している。	日本の諸地域において，「視点」に基づいて見出した事象について，地域の広がりや地域内の結びつき，人々の対応などに着目して，他の事象やそこで生ずる課題と関連付けて多面的・多角的に考察し，理由として提案している。	日本の諸地域について，粘り強く地誌学習に取り組むとともに，学習を踏まえて魅力的な体験プログラムを提案しようとしている。
A評価の例	日本の諸地域について，それぞれの地域的特色や地域の課題をふまえて，その地域でしか体験できない体験プログラムを提案している。	日本の諸地域において，「視点」に基づいて見出した事象やその成立条件について，地域の広がりや地域内の結びつき，人々の対応などに着目して，他の事象やそこで生ずる課題と関連付けて多面的・多角的に考察し，理由として提案している。	日本の諸地域について，粘り強く地誌学習に取り組むとともに，学習を踏まえて魅力的な体験プログラムを提案し，他者の意見を生かしてさらに高めようとしている。
Bに到達させるための手立て	提案準備の際に，小グループ内でお互いの案を交流する時間をとる。地域的特色を生かすよう声をかける。	提案準備の際に，小グループ内でお互いの案を交流する時間をとる。活動が滞る生徒には，学習内容を振り返らせ，選択肢を示す。	活動が滞る生徒には，学習内容を振り返らせ，選択肢を示す。

　第二に，パフォーマンス課題を設定し，その解決の過程として単元全体を構成したことである。

　本単元の実践をふまえ，最大の課題と考えるのは，パフォーマンス課題の評価についてである。評価規準（基準）に照らして個々のプレゼンテーションを評価するのにかなり時間がかかってしまった。また，多くの生徒がB評価はクリアしたが，A評価まではつかない場合が多かった。生徒にあらかじめ評価規準（基準）をよりわかりやすい表現でルーブリックとして示すこと

表4　生徒A・Bのプレゼンテーションの評価

	ア　知識・技能	イ　思考力・判断力・表現力	ウ　主体的に学習に取り組む態度
生徒A	九州地方の火山が身近にあるという地域的特色をふまえ，降灰の被害という課題とともに，温泉という恵みの面にも触れ，プログラムを提案している。　→A評価	火山が多く分布していることをふまえ，その恵みと怖さの両面から考察した結果を表現している。　→A評価	※発表後に再提出させたプレゼンテーションで修正した箇所で判断した。詳細は省略する。
生徒B	北九州市がエコタウンとしてまちづくりを進めているという地域的特色を生かしたプログラムを提案している。　→A評価	日本が化石燃料に依存していることなどエネルギー問題をふまえ，低酸素社会を目指すエネルギー施設に着目している。　→A評価	

で，これらの課題については改善できると考える。また学級の人数によっては，視点や地域を割り当てたり，グループ発表にしたりするといった工夫も有効であると考える。

（徳本侑子）

註
（1）本実践は，令和4年度広島県中学校教科教育推進研修（社会科）において共同開発した単元をもとに，筆者が自校で実践したものである。
（2）東京書籍及び帝国書院の教科書で確認済。

参考文献
文部科学省（2018）『中学校学習指導要領（平成29年告示）解説』東洋館出版社。
国立教育政策研究所教育課程研究センター（2020）『「指導と評価の一体化」のための学習評価に関する参考資料』東洋館出版社。
矢ヶ﨑典隆他（2023）『新しい社会　地理』東京書籍。
加賀美雅弘他（2020）『社会科　中学生の地理』帝国書院。

━━━━ コ ラ ム ━━━━

実践的授業研究のプロセス

　筆者らは，大学と教育委員会等との共同研究として，教師のキャリアステージに応じた教育実践力（授業力・生徒指導力・協働力の三要素から成ると捉えた）の育成を目的とする学校現場における授業研究（「実践的授業研究」と呼ぼう）の実施と評価のためのフレームワークを開発してきている[1]。このフレームワークは7段階からなり，教科の授業力の向上を目指した実践的授業研究のプロセスに関する基本的な枠組みとしても活用することができる（図1を参照）。7段階は，下記の通りである。

　第1は，教科教師としてのビジョン（教科教育観，望ましい教科教師像，教科で育てたい子ども像，授業能力観等）を明確にしていくことである。

　第2は，学校と教師自身を取り巻く外部環境と内部環境を分析することである。外部環境の分析とは，変化する社会の動向を把握したり，子ども，保護者，地域社会からの学校や教師へのニーズを把握したりすることである。また，内部環境の分析とは，学校の教育理念，教育の改善に対する教師の意識，学校の運営組織や研究組織のあり方，子どもの実態等について特色と課題をつかむことである。

　第3は，授業の内容・方法や子どもの認知・発達，教科教師の資質・能力に関する学問知とともに，地域や学校で先行して研究・実践され，成果として蓄積されてきた理論知・実践知について学び理解することである。

　第4は，ビジョン，外部・内部環境分析，理論知・実践知の学習，教師のキャリアステージ等を踏まえて，授業研究の課題を明確に定めることである。

　第5は，研究課題の解決を目指して，仮説に基づく授業の構想→実践→評価→改善→仮説の再構築，というサイクルを踏むことである。

　第6は，研究の主体となる授業者が，自己評価（あるいは研究同人間の相互評価）や参観者からの評価を通じて，自身の授業力の育成について見取ることである。

　第7は，授業者と参観者の評価を基に，授業研究のプロセスを振り返り，必要に応じて授業研究の課題設定・内容・方法を再構成することである。

　授業研究を授業者と参観者の協働的な対話の場と捉えれば，7段階のプロセスは，各段階が授業研究全体のフレームの中で授業の構想と実践を評価する授業者と参観者の対話の観点になろう。また，授業者が設定した授業研究の目的（課題）に即して，何が，どのように変容したのか，子どもの成長に寄与したのか，

あるいは目的の達成を妨げる困難な状況が見出されたのか，改善のために前提となるビジョンの変更が必要なのか，取るべきアプローチは何か，といった対話のための問いを示唆するであろう。

（梅津正美）

註

（1）鳴門教育大学編『10年経験者研修モデルカリキュラム開発プログラム報告書』（平成19・20年度独立行政法人教員研修センター委嘱研究）2009年

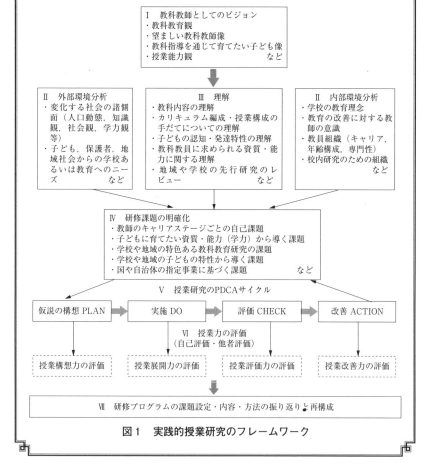

図1　実践的授業研究のフレームワーク

資　料　編

社会系教科の評価をめぐる研究の系譜
―棚橋健治の業績を事例に―

1．はじめに

　「社会科における『評価』を初めて体系的に研究した第一人者」。棚橋健治
（以下，略称）に対するイメージは，博士論文の主題に「評価」と付いている
ことも影響してか，前述のように称されることが多い。しかし，棚橋はゼミ
生の前で，「（博士論文を指し，）私のは，評価を窓口とした本質研究なんです」
と自称することが多い。博士論文の位置づけを巡る第三者と当事者の捉え方
の違いを探るためには，棚橋の研究経歴の全体像を把握する必要がある。

　資料編では，以下の2段階を経て，棚橋の研究経歴を跡付けて研究史を描
くことで，社会系教科の評価をめぐる研究の系譜の一つを示したい。

　第1段階は収集・選定である。分析対象は，「学術文献」および「月刊雑
誌掲載論考」に分けて収集した。具体的には，①複数の学術文献検索エンジ
ン（CiNii と Google Scholar），②科学研究費助成事業データベース（KAKEN
研究課題をさがす），③月刊雑誌データベース（明治図書などの HP 上の検索機能）
を用いて，著者検索で「棚橋健治」と打ち込んで収集し，出版年の古いもの
からナンバリングした（2023年5月20日時点）。

　第2段階は，類型化と時期区分である。学術文献（計115本：No. 1-115）は，
「学会誌掲載論文（●）：17件」・「大学研究紀要論文（○）：47件」・「科学研究
費等の研究成果報告書（◇）：8件」・「単行本／単行本に含まれる論考
（■）：43件」という刊行媒体ごとの類型（記号）に整理した。また，「評価」
「テスト」「測定」「診断」「達成水準」のいずれかを論考名に含んだ文献を
「評価関連研究（★）：27件」と位置づけた。さらに，学歴・職歴ごとに区切

188

り，キャリアの変化に伴う業績の量や質を把握できるようにした。

なお，月刊雑誌掲載論考（計92本：No.201-292）は，データベース検索に加え，広島大学・社会認識教育学講座図書室内で手作業でも収集した。ただし，全ての論考の記述を把握できないため，時期区分や類型化は避けた。

2．業績一覧

【広島大学大学院・博士課程前期（1981年4月～1983年3月）】

No.	執筆者	出版年	論考名	出典	類型
1	森分孝治，河南一，河田敦之，木村博一，児玉康弘，棚橋健治，矢田宇紀	1982	社会科学的概念学習の授業構成（Ⅲ）：「平安期の時代構造」の教授書試案	『広島大学教育学部附属共同研究体制』10，pp. 35-46.	○
2	棚橋健治	1983	社会科カリキュラム開発における「構造」概念について：タバ社会科を手がかりにして	『教育学研究紀要』28，pp. 297-299.	●
3	棚橋健治	1983	社会科カリキュラム開発における"構造"概念について：E. フェントンの所論を手がかりにして	『社会科研究』31，pp. 55-63.	●

【広島大学大学院・博士課程後期（1983年4月～1986年3月）】

No.	執筆者	出版年	論考名	出典	類型
4	棚橋健治	1984	社会科学的概念学習の授業構成（Ⅳ）：「東南アジア」の教授書試案	『広島大学教育学部附属共同研究体制』12，pp. 31-47.	○
5	棚橋健治	1986	社会科教育研究と社会科教育学研究：1983～85年の研究動向の分析を手がかりとして（社会科教育研究の動向）	『社会科教育論叢』33，pp. 58-67.	●

| 6 | 平田嘉三，棚橋健治 | 1986 | 1910－30年代におけるアメリカ社会科の新しい展開：科学的決定論の導入による学習成果測定 | 『広島大学教育学部紀要 第二部』34，pp. 101-111. | ○
★ |

【鳴門教育大学・助手（1986年4月〜1989年3月）】

No.	執筆者	出版年	論考名	出典	類型
7	棚橋健治	1986	広島高等師範学校附属小学校の実践：新教科カリキュラムの提唱	『初期社会科実践史研究』教育出版センター，pp. 249-265.	■
8	棚橋健治	1987	本質主義社会科における評価論：アメリカ歴史学会とW. C. バグリの場合を中心として	『史学研究』174，pp. 44-64.	○ ★
9	伊東亮三，木村博一，棚橋健治	1987	社会科テストの教授学的研究（Ⅱ）：テスト問題の分析と歴史理解の構造	『日本教科教育学会誌』12(1)，pp. 11-16.	● ★
10	棚橋健治	1988	日本史教育と塩	『日本史教育に生きる感性と情緒』教育出版，pp. 179-186.	■
11	棚橋健治	1989	アメリカ進歩主義社会科評価論：「八年研究」における社会的感受性の評価	『社会科教育の理論』ぎょうせい，pp. 283-294.	■ ★
12	後藤修三・棚橋健治（編）	1989	『国際理解教育の研究：アメリカ合衆国理解を例とした授業研究（Ⅰ）』	徳島国際理解教育研究会	◇

【鳴門教育大学・講師（1989年4月～1991年3月）】

No.	執筆者	出版年	論考名	出典	類型
13	棚橋健治	1990	授業理論と授業構成：歴史学習の進め方	『社会科教育学』福村出版, pp.113-136.	■

【鳴門教育大学・助教授（1991年4月～1994年3月）】

No.	執筆者	出版年	論考名	出典	類型
14	棚橋健治	1991	社会科教育実践の展開：昭和30年代の教育実践	『社会科教育の歴史と展望』研秀出版, pp.95-104.	■
15	棚橋健治	1992	社会科における思考の評価：アメリカ新社会科における探求テストを手がかりにして	『社会科研究』40, pp.173-182.	●★
16	棚橋健治	1993	ハーバード社会科・社会的論争問題分析テストの学習評価論：問題場面テストによる社会科学習評価への示唆	『社会科教育研究』69, pp.45-55.	●★
17	棚橋健治	1994	社会科学科としての社会科	『社会科教育学ハンドブック』明治図書, pp.77-86.	■

【広島大学・助教授（1994年4月～2004年3月）】

No.	執筆者	出版年	論考名	出典	類型
18	棚橋健治	1995	社会科における「新しい学力観」の批判的考察：新旧指導要録の分析を通して	『社会認識教育学研究』10, pp.16-23.	●
19	棚橋健治	1995	評価をめぐる研究と論争の歩み	『新しい評価と授業分析のアイデア』明治図書, pp.145-150.	■★

20	棚橋健治	1995	コミュニティーの崩壊と社会科教育	『社会科授業の理論と展開』 現代教育社，pp. 149-155.	■
21	棚橋健治	1996	朝鮮通信使と雨森芳洲	『歴史教育の理論と実践』現代教育社，pp. 86-92.	■
22	棚橋健治	1996	社会科教育の評価論	『中学校社会科教育』明治図書，pp. 148-158.	■ ★
23	棚橋健治	1997	科学的社会認識形成における情意的領域の評価ストラテジー：MACOS評価プログラムを手がかりとして	『社会科研究』 47，pp. 11-20.	● ★
24	草原和博，森分孝治，棚橋健治，植田健，中原朋生，古川貴史，安部博貴，小野順子，宮兼和公子，宮﨑修子，三好勝美	1997	社会科学教育としての地理授業：「都市と権力」の教授書開発	『広島大学教育学部紀要 第二部』 45，pp. 53-64.	○
25	棚橋健治	1998	社会科における概念的知識体系形成の学習評価：タバ社会科の場合	『教育目標・評価学会紀要』 8，pp. 49-57.	● ★
26	棚橋健治	1999	社会科の本質と学習評価：アメリカ社会科学習評価研究史の位相	『社会科研究』 51，pp. 1-10.	● ★
27	棚橋健治	1999	授業論研究	『社会科教育学研究』明治図書，p. 122.	■
28	棚橋健治	2000	「全国社会科教育学会」「問題解決」「生きる力」「内容の構造化」「理論的思考」	『社会科重要用語300の基礎知識』明治図書，p. 30，p. 97，p. 101，160，185.	■

192

29	棚橋健治	2000	「形成的評価」「本田公栄『ぼくらの太平洋戦争』」「安井俊夫「口分田から逃げた農民」」	『社会科教育事典』ぎょうせい，pp. 280-281，p. 301，p. 302.	■★
30	棚橋健治，土肥大次郎，片上宗二，池野範男，大江和彦，高田準一郎，和田文雄	2001	中等社会科における授業システム化の研究（Ⅵ）：小単元「多民族国家アメリカ」の授業作りを事例として	『学部・附属学校共同研究紀要』29，pp. 45-54.	○
31	棚橋健治，森才三，森分孝治	2001	近現代史学習の授業開発研究(5)：小単元「エスニック問題に揺れるドイツ」の学習評価問題	『学部・附属学校共同研究紀要』29，pp. 55-64.	○★
32	棚橋健治	2001	米国社会科にみる「基礎・基本」	『小学校基礎学力の探究』学校図書，第3学年版：pp. 95-97．第4学年版：pp. 117-119．第5学年版：pp. 107-109．第6年版：pp. 117-119.	■
33	棚橋健治	2002	社会科における教科教育学研究の発展と展望	『教科教育学研究』17，pp. 65-75.	○
34	棚橋健治	2002	アメリカの社会科の研究	『社会科教育学研究ハンドブック』明治図書，pp. 378-389.	■
35	棚橋健治	2002	社会科教育学における理論研究のあり方	『社会科教育研究別冊2001年度研究年報』日本社会科教育学会，pp. 84-90.	●
36	棚橋健治	2002	アメリカ社会科学習評価研究の史的展開：学習評価にみる社会科の理念実現過程	風間書房	■★

No.	執筆者	出版年	論考名	出典	類型
37	棚橋健治	2003	新しい社会科学科の構想	『社会科教育のニュー・パースペクティブ』明治図書, pp. 86-94.	■
38	棚橋健治（代表）	2003	社会科学習評価システム開発の総合的研究	科学研究費補助金（基盤研究C）研究報告書	◇ ★
39	棚橋健治，片上宗二，粟谷好子，岡崎誠司，児玉康弘，高田準一郎，樋口雅夫	2003	社会認識教育における学習評価システムの開発研究（Ⅰ）：論述式問題に対する解答の多様性と問題作成の課題	『学部・附属学校共同研究紀要』31, pp. 87-94.	○ ★
40	棚橋健治，池野範男，鵜木毅，大江和彦，土肥大次郎，森才三，山名敏弘，和田文雄	2003	社会認識教育における学習評価システムの開発研究（Ⅱ）：論述式問題作成における資料の役割	『学部・附属学校共同研究紀要』31, pp. 95-103.	○ ★
41	棚橋健治，片上宗二，児玉康弘，粟谷好子，岡崎誠司，高田準一郎，樋口雅夫	2004	社会認識教育における学習評価システムの開発研究（Ⅲ）：論述式問題作成における論述対象の明確化	『学部・附属学校共同研究紀要』32, pp. 151-160.	○ ★
42	棚橋健治，池野範男，鵜木毅，大江和彦，土肥大次郎，森才三，山名敏弘，和田文雄	2004	社会認識教育における学習評価システムの開発研究（Ⅳ）：論述式問題作成における論述視点の限定	『学部・附属学校共同研究紀要』32, pp. 161-170.	○ ★
43	棚橋健治	2004	社会科教育実践の評価	『社会科教育実践学の構築』明治図書, pp. 219-229.	■ ★

【広島大学・教授（2004年4月〜2023年3月）】

No.	執筆者	出版年	論考名	出典	類型
44	棚橋健治（編）	2005	『"情報化社会"をめぐる論点・争点と授業づ	明治図書	■

			くり（社会科教材の論点・争点と授業づくり）』		
45	柳生大輔，村上忠君，石原直久，池野範男，棚橋健治，木村博一	2006	国際的資質を育成する社会科学習(1)：国際的資質を育成するカリキュラムの開発	『学部・附属学校共同研究紀要』34, pp. 285-293.	○
46	棚橋健治	2006	公民領域における優れた学習指導案とその要件	『社会科教育論叢』45, p. 51.	●
47	棚橋健治	2006	生涯学習としての新しい社会認識教育の基礎基本	『社会認識教育の構造改革』明治図書, pp. 302-307.	■
48	棚橋健治	2007	『社会科の授業診断：よい授業に潜む危うさ研究』	明治図書	■ ★
49	棚橋健治	2007	アメリカの市民性形成論(1)：市民性概念の歴史的・社会的文脈	『市民性形成論』日本放送出版協会, pp. 82-94.	■
50	棚橋健治	2007	アメリカの市民性形成論(2)：初等・中等教育における市民性形成	『市民性形成論』日本放送出版協会, pp. 95-107.	■
51	棚橋健治	2007	公民領域の学習指導案について	『優れた社会科授業の基盤研究Ⅱ：中学校・高校の"優れた社会科授業"の条件』明治図書, pp. 95-100.	■
52	柳生大輔，石原直久，徳本光哉，池野範男，棚橋健治，木村博一	2007	国際的資質を育成する社会科学習(2)：国際的資質を育成するカリキュラムの開発	『学部・附属学校共同研究紀要』35, pp. 285-291.	○
53	和田文雄，小原友行，池野範男，棚橋	2007	高等学校社会系教科における導入学習に関する授業開発の研究	『学部・附属学校共同研究紀要』35, pp. 443-447.	○

	健治，土肥大次郎，森才三，三藤義郎		（Ⅰ）：地理Ｂ「日本の大地形」の学習指導案		
54	棚橋健治	2007	公民領域における優れた指導案とその要件	『社会科教育論叢』46，pp.86-87.	●
55	小原友行，深澤清治，山元隆春，池野範男，木村博一，棚橋健治，植田敦三，山崎敬人，松浦伸和，濱本恵康，權藤敦子，内田雅三，中村和世，伊藤圭子，松田泰定，松尾千秋，木原成一郎，杉川千草，藤井雅洋，神重修治，柳生大輔，桑田一也，藤井志保，荒谷美津子	2008	協同的創造力を育成する第５～９学年の選択教科単元モデルの開発(2)	『学部・附属学校共同研究紀要』36，pp.287-296.	○
56	樋口雅夫，小原友行，池野範男，棚橋健治，下前弘司	2008	中・高一貫の視点に立った国際政治学習のカリキュラム開発に関する研究(1)：単元「地域紛争」を事例として	『学部・附属学校共同研究紀要』36，pp.21-30.	○
57	森才三，小原友行，池野範男，棚橋健治，鵜木毅，大江和彦，土肥大次郎，山名敏弘，和田文雄	2008	高等学校社会系教科における導入学習に関する授業開発の研究（Ⅱ）：「世界史Ａ」導入単元の場合	『学部・附属学校共同研究紀要』36，pp.339-348.	○
58	池野範男，小原友行，棚橋健治，湯浅清治，宮本英征，和田文雄，土肥大次郎，伊藤直哉，丹生英治，田口紘子，川口広美	2008	中学校地理授業における学習達成水準の研究(1)：単元「道路は誰のもの？」を事例にして	『学部・附属学校共同研究紀要』36，pp.387-395.	○ ★

59	柳生大輔，石原直久，長野由知，池野範男，<u>棚橋健治</u>，木村博一	2008	国際的な資質を育成する社会科学習(3)：様々な情報を有効に活用し社会に参画する力を育成するカリキュラム開発を通して	『学部・附属学校共同研究紀要』 36，pp. 445-452.	○
60	杉川千草，村上良太，柳生大輔，桑田一也，八澤聡，小原友行，深澤清治，山元隆春，佐々木勇，池野範男，木村博一，<u>棚橋健治</u>，植田敦三，松浦武人，山崎敬人，松浦伸和，三村真弓，濱本恵康，内田雅三，中村和世，伊藤圭子，松尾千秋，木原成一郎	2009	協同的な創造力を育成する第5～9学年の選択教科単元モデルの開発(3)	『学部・附属学校共同研究紀要』 37，pp. 127-132.	○
61	下前弘司，小原友行，池野範男，<u>棚橋健治</u>，鵜木毅，大江和彦，土肥大次郎，蓮尾陽平，森才三，山名敏弘，和田文雄	2009	高等学校社会系教科における導入学習に関する授業開発の研究(Ⅲ)：「現代社会」導入単元の場合	『学部・附属学校共同研究紀要』 37，pp. 173-181.	○
62	池野範男，小原友行，棚橋健治，升原一昭，阿部哲久，若杉厚至，宮本英征，井上奈穂，宇都宮明子，李貞姫，田口紘子，大國沙輝子	2009	中学校授業における開発DVD教材「郷土の伝統文化」の効果性の研究(1)	『学部・附属学校共同研究紀要』 37，pp. 211-216.	○
63	池野範男，小原友行，棚橋健治，和田文雄，土肥大次郎，湯浅清治，宮本英	2009	中学校地理授業における学習達成水準の研究(2)：授業-評価方略とその成果（第1次報告）	『学部・附属学校共同研究紀要』 37，pp. 217-222.	○ ★

	征，伊藤直哉，古賀壮一郎，蔡秋英，田口紘子，井上奈穂，南浦涼介，宇都宮明子，李貞姫				
64	柳生大輔，石原直久，長野由知，池野範男，<u>棚橋健治</u>，木村博一	2009	国際的な資質を育成する社会科学習(4)：様々な情報を有効に活用し社会に参画する力を育成するカリキュラム開発を通して	『学部・附属学校共同研究紀要』37，pp. 289-294.	○
65	<u>棚橋健治</u>（代表）	2009	博物館の利用	科学研究費補助金（基盤研究B）『社会科系教科における現職教員の授業力向上プログラム作成のための研究』国立教育政策研究所，pp. 187-205.	◇
66	<u>棚橋健治</u>（代表）	2010	『世界水準からみる日本の子どもの市民性に関する研究』	科学研究費補助金（基盤研究B）研究成果報告書	◇
67	<u>棚橋健治</u>，児玉康弘，梅津正美（編）	2010	『中学校社会科教育』	学術図書出版社	■
68	<u>棚橋健治</u>	2010	中学校社会科教育の意義と課題	『中学校社会科教育』学術図書，pp. 1-6.	■
69	<u>棚橋健治</u>，戸田善治，草原和博（編）	2010	『地理歴史科教育』	学術図書出版社	■
70	<u>棚橋健治</u>，溝口和宏，桑原敏典（編）	2010	『公民科教育』	学術図書出版社	■
71	松浦伸和，岩元澄男，角屋重樹，岩崎秀樹，池野範男，<u>棚橋健治</u>，吉田裕久，岩田昌太郎	2010	「到達目標型教育」を実現するポートフォリオ評価の開発	『広島大学教育学研究科共同研究プロジェクト報告書』8，pp. 151-165.	○ ★

72	柳生大輔, 石原直久, 長野由知, 池野範男, 棚橋健治, 木村博一	2010	国際的な資質を育成する社会科学習(5)：思考の再構成を促す授業づくりを通して	『学部・附属学校共同研究紀要』38, pp. 173-178.	○
73	山名敏弘, 小原友行, 池野範男, 草原和博, 棚橋健治, 鵜木毅, 大江和彦, 土肥大次郎, 下前弘司, 蓮尾陽平, 見島泰司, 森才三	2010	高等学校社会系教科における導入学習に関する授業開発の研究(Ⅳ)：「日本史B」導入単元の場合	『学部・附属学校共同研究紀要』38, pp. 269-274.	○
74	池野範男, 小原友行, 棚橋健治, 草原和博, 川本尚樹, 有田光宏, 阿部哲久, 若杉厚至, 宮本英征, 井上奈穂	2010	中学校授業における開発DVD教材「郷土の伝統・文化」の効果性の研究(2)	『学部・附属学校共同研究紀要』38, pp. 281-287.	○
75	池野範男, 小原友行, 棚橋健治, 草原和博, 土肥大次郎, 見島泰司, 湯浅清治, 宮本英征, 伊藤直哉	2010	中学校地理授業における学習達成水準の研究(3)：授業の成果と比較考察（第二次報告）	『学部・附属学校共同研究紀要』38, pp. 289-294.	○ ★
76	松浦伸和, 岩田昌太郎, 吉田裕久, 棚橋健治, 筆谷聡史	2011	五年制教員養成システムの構築	『広島大学教育学研究科共同研究プロジェクト報告書』9, pp. 89-103.	○
77	柳生大輔, 安松洋佳, 長野由知, 池野範男, 棚橋健治, 木村博一	2011	国際的な資質を育成する社会科学習(6)：思考の再構成を促す授業づくりを通して	『学部・附属学校共同研究紀要』39, pp. 219-224.	○
78	下前弘司, 小原友行, 池野範男, 棚橋健治, 草原和博, 鵜木毅, 大江和彦, 土肥大次郎, 蓮尾陽	2011	高等学校社会系教科における批判的思考力を育成する授業開発の研究（Ⅰ）：公民科「倫理」の場合	『学部・附属学校共同研究紀要』39, pp. 285-290	○

	平，見島泰司，森才三，山名敏弘				
79	棚橋健治	2011	社会科の評価	『社会科教育実践ハンドブック』明治図書，pp. 225-228.	■★
80	棚橋健治	2011	クーデターもどきの高校社会科解体劇	『混迷の時代！ "社会科" はどこへ向かえばよいのか』明治図書，p. 186.	■
81	棚橋健治	2012	「形成・総括的評価」「本田公栄『ぼくらの太平洋戦争』」「安井俊夫「口分田から逃げた農民」」	『新版 社会科教育事典』 ぎょうせい，pp. 272-273, p. 311, p. 312.	■★
82	棚橋健治	2012	プロジェクトのねらい	『社会科教育論叢』48，p. 1.	●
83	棚橋健治	2012	「学」の確立からみた社会科研究の方法論と国際化の課題	『社会科教育論叢』48，pp. 27-36.	●
84	柳生大輔，安松洋佳，長野由知，池野範男，棚橋健治，木村博一	2012	国際的な資質を育成する社会科学習(7)：思考の再構成を促す授業づくりを通して	『学部・附属学校共同研究紀要』40，pp. 231-236.	○
85	土肥大次郎，小原友行，池野範男，棚橋健治，草原和博，鵜木毅，大江和彦，下前弘司，蓮尾陽平，見島泰司，森才三，山名敏弘	2012	高等学校社会系教科における批判的思考力を育成する授業開発の研究（Ⅱ）：公民科政治・経済小単元「税制改革」の場合	『学部・附属学校共同研究紀要』40，pp. 289-294.	○
86	棚橋健治	2012	社会科から離れている「発酵」の扱い	『〈映像＆活字で "プロの授業" をひも解く〉1』	■
87	棚橋健治（代表）	2013	『発展途上国の持続的発展を担う次世代育成	科学研究費補助金（基盤研究A）研究	◇

			システムの改善：ドミニカ共和国をフィールドとした教員養成の質向上に関する研究』	成果報告書	
88	柳生大輔，棚橋健治，木村博一	2014	リーガルマインドの視点から国際的な資質を育成する社会科学習(1)	『学部・附属学校共同研究紀要』 42, pp. 229-235.	○
89	棚橋健治（編）	2014	『教師教育講座第13巻 中等社会系教育』	協同出版	■
90	蓮尾陽平，小原友行，池野範男，棚橋健治，草原和博，鵜木毅，大江和彦，下前弘司，土肥大次郎，見島泰司，森才三，山名敏弘	2014	高等学校社会系教科における批判的思考力を育成する授業開発の研究（Ⅲ）：公民科現代社会小単元「日銀の金融政策」の場合	『学部・附属学校共同研究紀要』 42, pp. 243-248.	○
91	棚橋健治，渡邉巧，大坂遊，草原和博	2014	教員志望学生の社会科授業プランになぜ違いが生じるのか：教科指導力の育成のあり方に示唆するもの	『学校教育実践学研究』 20, pp. 125-139.	○
92	棚橋健治	2014	中等社会系教科の教員に求められる資質・能力と教科教育学	『教師教育講座第13巻 中等社会系教育』協同出版, pp. 9-22.	■
93	柳生大輔，棚橋健治，木村博一	2015	リーガルマインドの視点から国際的な資質を育成する社会科学習(2)	『学部・附属学校共同研究紀要』 43, pp. 263-272.	○
94	大江和彦，小原友行，池野範男，棚橋健治，草原和博，畠中和生，鵜木毅，遠藤啓太，下前弘司，蓮尾陽平，見島泰司，森才三，山名敏弘	2015	高等学校社会系教科における批判的思考力を育成する授業開発の研究（Ⅳ）：地理歴史科日本史A小単元『富岡製糸場と絹産業遺産』の場合	『学部・附属学校共同研究紀要』 43, pp. 299-307.	○

95	棚橋健治，渡邉巧，大坂遊，岩田昌太郎，草原和博	2015	教師のリーダーシップと教科指導力の育成プログラム：シンガポールにおける国立教育学院のGPLに注目して	『学校教育実践学研究』21，pp.133-141.	○
96	棚橋健治	2015	教師の共同的な授業研究を通した授業づくり	『新社会科授業づくりハンドブック　中学校編』明治図書，pp.238-245.	■
97	棚橋健治	2015	学術論文の審査はどのように行われているか	『社会科教育学研究法ハンドブック』明治図書，pp.220-231.	■
98	桑原敏典，工藤文三，棚橋健治，谷田部玲生，小山茂喜，吉村功太郎，鷲原進，永田忠道，橋本康弘，渡部竜也	2015	小中高一貫有権者教育プログラム開発の方法(1)：「選挙」をテーマとする小学校社会科の単元の開発を通して	『岡山大学教師教育開発センター紀要』5，pp.93-100.	■
99	棚橋健治	2015	全国社会科教育学会の国際化の展望	『社会科教育論叢』49，pp.105-106.	●
100	柳生大輔，伊藤公一，棚橋健治，木村博一	2016	国際的な資質を育成する小中一貫型社会科学習：リーガルリテラシーの視点から	『学部・附属学校共同研究機構研究紀要』44，pp.259-268.	○
101	見島泰司，小原友行，池野範男，棚橋健治，草原和博，鵜木毅，遠藤啓太，大江和彦，實藤大，下前弘司，蓮尾陽平，山名敏弘	2016	教育実習のための効果的な指導方法に関する研究(1)：実習生の指導案作成におけるつまづきの分析	『学部・附属学校共同研究機構研究紀要』44，pp.297-306.	○
102	柳生大輔，梅野栄治，棚橋健治，木村博一	2017	国際的な資質を育成する小中一貫型社会科学習(2)：リーガルリテラシーの視点から	『学部・附属学校共同研究機構研究紀要』45，pp.257-267.	○

103	棚橋健治	2017	知識・技能：事象を捉える視点・問いを引き出す構造化	『平成29年版 学習指導要領改訂のポイント 小学校・中学校 社会』明治図書，pp.14-17.	■
104	棚橋健治	2017	教科教育学と隣接科学との関連：教科教育学と専門諸科学	『教科教育研究ハンドブック』教育出版，pp.34-37.	■
105	棚橋健治	2017	「資質・能力」を育成する公民の学習	『授業が変わる！新しい中学社会のポイント』日本文教出版，pp.162-165.	■
106	棚橋健治（代表）	2018	『IBDP「歴史」教師用ガイド 世界史トピック・20世紀の戦争の原因と結果【原因編】』	科学研究費補助金（基盤研究A）研究成果報告書	◇
107	棚橋健治（代表）	2018	『IBDP「歴史」生徒用資料集 世界史トピック・20世紀の戦争の原因と結果【原因編】』	科学研究費補助金（基盤研究A）研究成果報告書	◇
108	棚橋健治（代表）	2020	『IBDP「歴史」教師用ガイド 指定学習項目3・世界規模の戦争への動き 事例研究1 東アジアにおける日本の拡張政策』	科学研究費補助金（基盤研究A）研究成果報告書	◇
109	棚橋健治	2020	はしがき	『中学校社会科教育・高等学校地理歴史科教育』学術図書出版，p.i.	■
110	棚橋健治	2020	はしがき	『中学校社会科教育・高等学校公民科教育』学術図書出版，p.i.	■
111	草原和博，木下博	2020	INEI 加盟大学と連携	『広島大学大学院教	○

	義，松宮奈賀子，川合紀宗，三好美織，小山正孝，影山和也，棚橋健治，川口広美，金鍾成，山元隆春，間瀬茂夫，永田良太，岩田昌太郎，井戸川豊，丸山恭司，吉田成章，森田愛子，桑山尚司，佐藤万知		した授業研究・平和教育セミナー⑴：「PEL-STE2020」の成果報告	育学研究科共同研究プロジェクト報告書』18，pp. 39-47.	
112	棚橋健治，木村博一	2021	なぜ今，社会科教育学研究において教師教育なのか	『社会科教育論叢』51，pp. 1-3.	●
113	吉田成章，草原和博，木下博義，松宮奈賀子，川合紀宗，三好美織，小山正孝，影山和也，棚橋健治，川口広美，金鍾成，山元隆春，間瀬茂夫，永田良太，岩田昌太郎，井戸川豊，丸山恭司，三時眞貴子，森田愛子，桑山尚司	2021	「ポスト・コロナの学校教育」の提起する学術知共創の可能性と課題	『広大学教育学部共同研究プロジェクト報告書』19，pp. 1-8.	○
114	棚橋健治，木村博一（編）	2022	『社会科重要用語事典』	明治図書	■
115	吉田成章，草原和博，木下博義，松宮奈賀子，川合紀宗，三好美織，小山正孝，影山和也，棚橋健治，川口広美，金鍾成，山元隆春，間瀬茂夫，川口隆行，	2022	「コロナ」から学校教育をリデザインする学術知共創の可能性と課題	『広大学教育学部共同研究プロジェクト報告書』20，pp. 1-9.	○

204

No.	年	月	論考名（網掛：「評価」と付くもの）	雑誌・発行所	号	頁

| | | | 永田良太，岩田昌太郎，井戸川豊，丸山恭司，滝沢潤，三時眞貴子，森田愛子，桑山尚司 | | | | |

【月刊雑誌掲載論考一覧】

No.	年	月	論考名（網掛：「評価」と付くもの）	雑誌・発行所	号	頁
201	1995	3	「新しい学力観」のとらえ直し：社会化に対抗する社会科への転換	『学校教育』広島大学附属小学校学校教育研究会	932	pp. 12-17.
202	1996	1	社会的価値の対立・葛藤にもとづく社会科授業の構成	『学校教育』広島大学附属小学校学校教育研究会	942	pp. 38-41.
203	1998	5	「調べる」社会科から「考える」社会科へ	『学校教育』広島大学附属小学校学校教育研究会	970	pp. 38-41.
204	2000	2	子どもの可能性を伸ばす社会科学習評価の在り方	『学校教育』広島大学附属小学校学校教育研究会	991	pp. 18-23.
205	2001	11	指導要領の内容はどのように「深化・発展」させられるか：岡﨑実践に見られる新しい地域学習の試み	『学校教育』広島大学附属小学校学校教育研究会	1012	pp. 38-41.
206	2001	1	教科にしかてきないことを学校教育から欠落させないために	『社会科教育』明治図書	496	pp. 9-11.
207	2001	6	社会科のめざす"学力と評価"を考えるヒント：基礎基本の習得，資質能力の育成，学び方技能の習得等との関連を考える	『社会科教育』明治図書	501	pp. 17-21.
208	2001	10	授業に始まり授業に終わる	『社会科教育』明治図書	505	pp. 9-11.
209	2002	3	絶対評価が重視された背景とは	『社会科教育』明治図書	510	pp. 12-14.

210	2002	7	日米関係がよくわかる本	『社会科教育』 明治図書	514	p. 92.
211	2002	12	鉄道近代化で消えた音と臭い	『社会科教育』 明治図書	520	pp. 9-11.
212	2003	7	絶対評価で“評価資料のとり方”がどう変わるか？と聞かれたら：構造化した目標に照らして，学習単位ごとに成か否かを	『社会科教育』 明治図書	528	p. 11.
213	2004	12	〈シンポジウム〉“すぐれた授業”は社会科学力を保障しているか 提案：社会科固有の役割を果たしてこそ“優れた”社会科授業になる	『社会科教育』 明治図書	546	pp. 12-19.
214	2004	12	〈シンポジウム〉“すぐれた授業”は社会科学力を保障しているか 意見を読んで：社会科固有の役割を考えれば，社会科の守備範囲は狭まる	『社会科教育』 明治図書	546	p. 26.
215	2004	12	棚橋プランの授業化―私はこうシミュレートする 授業化を読んで：科学的知識と子どもの経験知との結合	『社会科教育』 明治図書	546	p. 35.
216	2005	4	連載：「よいといわれる授業」を検証する（第1回）「よいといわれる授業」の「よさ」の根源を比較可能な形で抽出・吟味するには	『社会科教育』 明治図書	550	pp. 110-115.
217	2005	5	連載：「よいといわれる授業」を検証する（第2回）生き方を教える社会科授業：「望ましいひとつの生き方」に導く授業(1)	『社会科教育』 明治図書	551	pp. 110-115.

218	2005	6	連載：「よいといわれる授業」を検証する（第3回）生き方を教える社会科授業：「望ましいひとつの生き方」に導く授業(2)	『社会科教育』明治図書	552	pp. 110-115.
219	2005	7	連載：「よいといわれる授業」を検証する（第4回）社会的事象に関する事実を教える社会科授業：社会的事象の構成要素を伝達する授業(1)	『社会科教育』明治図書	553	pp. 110-115.
220	2005	8	連載：「よいといわれる授業」を検証する（第5回）社会的事象に関する事実を教える社会科授業：社会的事象の構成要素を伝達する授業(2)	『社会科教育』明治図書	554	pp. 110-115.
221	2005	8	トピックで語る社会科教育の光と影	『学校マネジメント』明治図書	576	pp. 24-39.
222	2005	9	連載：「よいといわれる授業」を検証する（第6回）社会の構造を教える社会科授業：社会的事象の説明枠をとらえさせる授業(1)	『社会科教育』明治図書	555	pp. 110-115.
223	2005	10	連載：「よいといわれる授業」を検証する（第7回）社会の構造を教える社会科授業：社会的事象の説明枠をとらえさせる授業(2)	『社会科教育』明治図書	556	pp. 110-115.
224	2005	11	連載：「よいといわれる授業」を検証する（第8回）社会の構造を教える社会科授業：社会的事象の説明枠をとらえさせる授業(3)	『社会科教育』明治図書	557	pp. 110-115.
225	2005	12	連載：「よいといわれる授業」を検証する（第9回）社会の構造と生き方を教える社	『社会科教育』明治図書	558	pp. 110-115.

			会科授業：社会の構造から自らの生き方を考えさせる授業(1)			
226	2006	1	連載：「よいといわれる授業」を検証する（第10回）社会の構造と生き方を教える社会科授業：社会の構造から自らの生き方を考えさせる授業(2)	『社会科教育』明治図書	559	pp. 110-115.
227	2006	2	連載：「よいといわれる授業」を検証する（第11回）「よいといわれる授業」の「よさ」は社会科授業で求める「よさ」になっているか	『社会科教育』明治図書	560	pp. 110-115.
228	2006	2	社会科の新しい評価研究	『社会科教育』明治図書	560	pp. 126-127.
229	2006	3	連載：「よいといわれる授業」を検証する（第12回）社会科授業で求めるべき「よさ」とは	『社会科教育』明治図書	561	pp. 110-115.
230	2006	6	提言・いま教師に求められる「新しい指導力」：権威に頼らせない指導，頼らない指導	『授業研究21』明治図書	596	pp. 9-10.
231	2006	7	ネット社会の新しいモラル教育―私の提言：好奇心のコントロール	『学校マネジメント』明治図書	588	p. 78.
232	2007	1	教員に求められる資質能力とは何か：自分の教育に一貫した責任を持てる自律性	『現代教育科学』明治図書	604	pp. 23-25.
233	2007	2	新世代の学力像と総合的学習：社会プロからみた新世代の教育像と総合	『総合的学習を創る』明治図書	200	pp. 32-33.
234	2007	2	ワールドワイドで話題になっている"新説・新情報"とは：塵も積もれば膨大な社会的損失	『社会科教育』明治図書	572	pp. 9-11.
235	2007	3	文科省の部会審議から見えてく	『学校マネジメン	599	p. 40.

			る "公教育変革の方向"：ＩＴ活用部会の方向性を読む	ト』明治図書		
236	2007	4	民主主義の神髄を述べたひと言	『社会科教育』明治図書	574	p. 104.
237	2007	8	教員採用試験問題で感じた "私の黒船"	『社会科教育』明治図書	579	pp. 10-11.
238	2008	1	"言葉と体験の関係" ―どう考えられているか：社会ではどう考えられているか	『社会科教育』明治図書	584	pp. 37-39.
239	2008	7	新指導要領・私の読解ポイントはここだ：「生きる力」の教科に即した実質化	『社会科教育』明治図書	590	pp. 9-11.
240	2008	8	文学と社会研究の結合	『社会科教育』明治図書	591	p. 102.
241	2008	10	"能力育成用語" の分析と解釈：小・中を通した "能力育成用語" の分析と解釈	『社会科教育』明治図書	593	pp. 42-44.
242	2008	12	文科省 "解説" から新指導要領を逆解釈すると→何が見えてくるか：能動的な思考・判断に不可欠の「見方や考え方」	『社会科教育』明治図書	595	pp. 10-11.
243	2009	2	新要領 "方法知→内容知" をどう受け止めるか：教科書の役割はどうなるか	『社会科教育』明治図書	598	p. 13.
244	2009	4	"新要領の目玉" を地域学習にどう盛り込むか：地域資源→地域学習にどう盛り込むか	『社会科教育』明治図書	600	pp. 31-33.
245	2009	4	私の乱読日記：イデオロギー対立の終焉は世界をひとつにしたか	『社会科教育』明治図書	600	p. 132.
246	2009	5	私の乱読日記：なぜ，社会は「生きる力」を求めるようになったのか	『社会科教育』明治図書	601	p. 132.
247	2009	6	私の乱読日記：競争にもとづく	『社会科教育』明治図書	602	p. 132.

			教育改革は教育をよくするのか	治図書		
248	2009	7	私の乱読日記：「個人」は，どのように「一員」になっていくのか	『社会科教育』明治図書	603	p. 132.
249	2009	8	私の乱読日記：英国教育改革から日本は何を学ぶべきか	『社会科教育』明治図書	604	p. 132.
250	2009	9	私の乱読日記：生きるということ，平和の尊さを嚙みしめる名作	『社会科教育』明治図書	605	p. 132.
251	2009	10	私の乱読日記：歴史の哲学と暦の数理に日本人の美意識を読み取る	『社会科教育』明治図書	606	p. 132.
252	2009	11	私の乱読日記：イス取りゲームで座れない者が出るのははぜか	『社会科教育』明治図書	607	p. 132.
253	2009	12	私の乱読日記："分かったつもり"から抜け出す力をつける社会科を	『社会科教育』明治図書	608	p. 132.
254	2010	1	私の乱読日記：戦争の責任を負わされたのは誰か	『社会科教育』明治図書	609	p. 132.
255	2010	2	私の乱読日記：共同体とは，その構成員とは，を考えられる短編	『社会科教育』明治図書	610	p. 132.
256	2010	3	私の乱読日記：「日本的な」とは？	『社会科教育』明治図書	611	p. 132.
257	2010	3	社会科で論理的思考力を高める	『指導と評価』図書文化	663	pp. 21-24.
258	2010	9	私のツイッター　140字で考える 何のために"歴史を学ぶのか"—と聞かれたら： 歴史は民主主義社会の市民として社会のあり方を判断する場を提供	『社会科教育』明治図書	617	pp. 9-11.

259	2011	1	デジタル教科書ツイッター：授業はどう変わるか予測	『社会科教育』明治図書	621	pp. 102-103.
260	2012	3	教育理論の構築を通して社会のあり方の議論をエキサイティングにリード	『現代教育科学』明治図書	666	p. 8.
261	2012	4	〈シンポジウム〉社会科の指導内容＝知識の構造図はこうだ！一目でわかる縦と横の関係：【意見】構造化された知識は，目的を持った主体的で意欲的な学びを呼ぶ	『社会科教育』明治図書	636	p. 33.
262	2012	6	読解過程における非連続型テキスト・資料」と「説明文」の関連○中学校歴史教材で明らかになったこと：特別寄稿を読んで気付いたこと・思ったこと―200字感想	『社会科教育』明治図書	638	p. 33.
263	2012	9	「これからの社会のコミュニケーション力と言語力育成の方向」を読んで　200字ツイッター	『社会科教育』明治図書	641	p. 17.
264	2013	1	【広島大学　棚橋研究室】高度専門職業人としての教員養成とそこに立脚した教科教育学研究者養成を両輪とする教育・研究	『社会科教育』明治図書	645	pp. 128-129.
265	2013	12	"社会的ジレンマ"→発見しやすい勘所とは：「こんなはずでは」に潜むジレンマ	『社会科教育』明治図書	656	p. 7.
266	2014	2	「『観点別』から『知識と活用』の評価へ→どこがどう変わるか」を読んで：200字ツイッター	『社会科教育』明治図書	658	p. 19.
267	2014	4	連載：世界＆日本の子ども―社会をどのように認識し，感じ，考えているか（第１回）：体	『社会科教育』明治図書	660	pp. 114-117.

			制・文化を越えて共有できる社会的な資質・能力調査			
268	2014	5	社会のユニバーサルデザインの授業：構造化で見える問いと答えとの距離	『授業力＆学級統率力』明治図書	050	pp. 32-35.
269	2014	5	連載：世界＆日本の子ども―社会をどのように認識し，感じ，考えているか（第2回）：社会の組織・機構をどの程度信頼し，政府には何を求めているか	『社会科教育』明治図書	661	pp. 114-117.
270	2014	6	連載：世界＆日本の子ども―社会をどのように認識し，感じ，考えているか（第3回）：民主主義をどのように理解しているか，それは国境を越えて共有されているか	『社会科教育』明治図書	662	pp. 114-117.
271	2014	7	連載：世界＆日本の子ども―社会をどのように認識し，感じ，考えているか（第4回）：政治にどのように向き合っているか	『社会科教育』明治図書	663	pp. 114-117.
272	2014	8	連載：世界＆日本の子ども―社会をどのように認識し，感じ，考えているか（第5回）：最も身近な社会である学校をどのようにみているか	『社会科教育』明治図書	664	pp. 114-117.
273	2014	8	"社会科イノベーション"→改訂に向けての論点はどこか：二十世紀的国民国家構成員教育からの脱却	『社会科教育』明治図書	664	pp. 7-9.
274	2014	9	連載：世界＆日本の子ども―社会をどのように認識し，感じ，考えているか（第6回）：良き市民としての行動	『社会科教育』明治図書	665	pp. 114-117.
275	2015	6	社会科の問題解決学習といえば→今に生きる典型実践は"こ	『社会科教育』明治	674	pp. 8-9.

			れ”：災害を社会の構造的欠陥や矛盾が現れた社会の基本的問題ととらえて，その解決を図った吉田定俊「水害と市政」	治図書		
276	2015	9	新しいテーマにトライ！　これからの社会を見据えたテーマを扱う研究授業デザイン：高度情報社会をテーマにした研究授業	『社会科教育』明治図書	677	pp. 68-69.
277	2015	11	社会科授業デザイン―「よい授業」とは何か―：よい社会科授業，私の常識はあなたの非……？	『社会科教育』明治図書	679	pp. 84-83.
278	2016	4	中教審の議論から見える指導要領改訂で期待される社会科像	『社会科教育』明治図書	684	pp. 112-115.
279	2016	7	社会形成への積極性をもった自律的に社会参加できる主体としての個の育成	『社会科教育』明治図書	687	pp. 116-117.
280	2016	10	主体的に社会の形成に参画する個人として必要な資質・能力の育成	『社会科教育』明治図書	690	pp. 4-7.
281	2016	12	「見方・考え方」によって明確化された“社会科を学ぶ本質的意義”	『社会科教育』明治図書	692	pp. 4-9.
282	2017	3	〈何ができるようになるか〉社会科・地理歴史科・公民科で育成を目指す資質・能力―知識の構造化の視点からの指導のポイント：知識の構造化につながる「問い」を導き出す「視点」となる「概念」	『社会科教育』明治図書	695	pp. 28-31.
283	2017	10	民主主義／民主主義のもろさ・危うさに気付く資料・教材	『社会科教育』明治図書	702	pp. 26-27.
284	2018	1	選択・判断の背後にある社会的価値の対立・葛藤に向き合う授業	『社会科教育』明治図書	705	pp. 10-13.

285	2018	4	【主体的・対話的で深い学び】案外身近にある探究的な学びをヒントに	『社会科教育』明治図書	708	pp. 20-23.
286	2018	6	社会科の「見方・考え方」が鍛えられる授業とは	『学校教育』広島大学附属小学校学校教育研究会	1210	pp. 6-13.
287	2019	3	社会の在り方に起因する構造的問題を感じ取り，個人の努力を超えた解決を考える	『社会科教育』明治図書	719	pp. 4-9.
288	2020	1	つまずきを学習者自身が認識でき，それを隠さない授業設計と学習環境の構築	『社会科教育』明治図書	729	pp. 4-9.
289	2020	4	中学社会 新しい学習評価のポイントとは：変わる授業と「学習評価」	『日文教授用資料』日本文教出版	40	pp. 5-7.
290	2021	5	知識のまとまりに向け，思考が動き出すか	『社会科教育』明治図書	745	pp. 24-27.
291	2022	10	社会科という教科の本質に沿った「知の構築」と「学びの意義」を考える	『学校教育』広島大学附属小学校学校教育研究会	1262	pp. 6-13.
292	2022	11	優れた社会科授業の条件のマクロとミクロ	『社会科教育』明治図書	763	pp. 10-13.

3．棚橋健治の研究史：「社会科評価研究」の起点と転換点

　上記の業績一覧を俯瞰してみると，棚橋は「評価関連研究」（記号：★，月刊雑誌の網掛部分）はもちろん，「評価」以外の多様な研究に携わっていることがわかる。

　以下では，「キャリアの変化」，「研究体制とオーサーシップの変化」，「研究内容・方法の変化」を視点に代表的な論考と異質な論考を取り上げ，重要な起点・転換点を中心に研究史を物語ることにしたい。

214

⑴起点とその背景（1980・90年代）

　業績一覧の中に代表的な「評価関連研究」は27件ある。その中で，起点となる最も古い論文が博士課程後期時代の1986年（No.6），初の単著論文が鳴門教育大学・助手時代の1987年（No.8），初の査読付き単著論文が同大学・助教授時代の1992年（No.15）に刊行されている。その後も査読付き単著論文を重ね（No.15・23・25・26），広島大学大学院へ博士論文が2000年に提出された。そして2002年，社会科研究として初めて「学習評価」を主題に掲げた『アメリカ社会科学習評価研究の史的展開：学習評価にみる社会科の理念実現過程』（No.36）が刊行され，以下のように位置づけられた（p.2）。

> （前略…）社会科の理念については従来から研究対象とされてきているが，それらの研究は，目標論，カリキュラム論，授業構成論などの視点で行われてきたため，具体的な学習成果の事実に立脚せず，提唱者の意図や願望に基づく社会科像の分析によって行われてきた。提唱されたような授業を受けることにより，実際に子どもの社会認識，市民的資質がどのようになったのかという視点からの本質研究が求められるのであり，それは本質研究に評価研究を導入することによって可能になる。本研究は，そのような立場に立って行う<u>社会科学習評価研究を通した社会科本質研究である</u>。（下線部は筆者らによる）

　一方で，「学習評価」を主題に掲げた博士論文の刊行に伴い，単行本（掲載論考）の依頼内容も評価関連が増え（No.11・22・29・79・81），徐々に「棚橋は社会科評価の研究者だ」との学問的立場・イメージが学界・商業界に醸成されたのではないだろうか。

　博士論文の背景には，博士課程前期時代から継続して関心を持ってきた「アメリカの社会科学科」に関連する研究群が存在する（No.1-4・17・24）。だからこそ，社会科学科の目標に準拠するMACOS評価プログラム／タバ社会科の評価論やテスト問題が主な分析対象になるとともに，教科論として対抗する「社会問題科」の代表例・ハーバード社会科の評価論やテスト問題も分析対象に含まれ，比較検討および史的展開の考察がなされていた

(No. 26)。

　棚橋が自身の博士論文について「評価を窓口とした社会科本質研究」と自称し，ある意味「真正面からの社会科評価研究ではない」と自認する背景には，上記のような前史がある。

⑵転換点とその背景（2000・10・20年代）

　1980・90年代の論文に見られる比較研究や歴史研究の作法は，棚橋の得意手の一つであり（No. 5・19），博士論文刊行と同時期（2002年）には，20世紀末に提出された広島大学大学院における修士論文（137本）・博士論文（12本）の類型化や新展開（所謂ニュー・ウェーブ）を考察している（No. 33）。

　棚橋の業績一覧を俯瞰して見ると，20世紀末の評価研究が「外国（アメリカ）における社会科評価の変遷を分析する研究＝比較研究・歴史研究」だったのに対し，21世紀初頭（2000年代）の評価研究は「（外国のモデルを参照した）日本における社会科評価を組み込んだシステムと学習を開発する研究」（No. 38-43），「日本における社会科授業の診断方法を提案する研究」（No. 48，No. 216-220・222-229）へと転換していく。こうした研究内容・方法の変化，すなわち日本の学校現場をフィールドにした開発的・実践的研究に移行することに伴って，2001年以降は附属学校との共同研究（記号：○），大型科研に対応した大学院生とのプロジェクト研究（記号：◇）が量的に増加し，教師教育・研究者養成に力点が置かれるようになる（No. 259も参照）。

　2010・20年代に入ると，「評価」というコトバを論考の全面には出さなくなる。一方で，「子どもの市民性に関する量的調査とその結果の国際比較」（No. 66）や「国際バカロレアの歴史教育におけるテスト分析を踏まえた授業開発」（No. 105-107）など，再び外国に目を向け，普遍的な国際水準に基づく新たな研究動向が確認できる。背景には，「学」の確立の観点から社会科評価研究が他の研究領域に比べて立ち遅れている課題（No. 83），そして2000年代に実行した日本の学校現場での実践・実証研究の反省があると言えよう。

特に直近10年ほどは，IEA（国際教育到達度評価学会）やIB（国際バカロレア）の教育論・評価論を理論的・実証的根拠に据え，日本の学校現場に再文脈化する際の権威付けに利用し，再び「本質研究」をしていると見ることができる（特にNo.281・286・289・292参照）。あるいは，かつて自身が研究してきた「社会科学科」やそれに対応する評価論が約20年経過して国際水準として注目されている点を再評価し，「社会科評価研究としてやるべきことがまだたくさんある」との後進に向けたメッセージとも受け取れる。

4．おわりに

社会科評価研究が他の研究領域に比べて立ち遅れているという指摘が繰り返されている学術的背景の下，筆者らは2021年度・全国社会科教育学会研究推進プロジェクトの助成を受けた。そして，棚橋を含む5名の「社会科評価研究者」のリサーチ・ライフ・ヒストリーについて，「困難性（葛藤，障壁，課題）」を分析視点に定めて文献調査・聞き取り調査を実施した[1]。

本資料編は，その研究成果の一部として，約40年間の棚橋のリサーチ・ライフ・ヒストリーを文献ベースで示したものである。

筆者のうち，玉井・両角・石原は棚橋ゼミ生として，内部事情を踏まえて文献調査の結果を文脈的に解釈してきた。一方，細川・佐藤・鬼塚は棚橋ゼミに所属しておらず，外部から見た文献調査の結果の妥当性を検証してきた。本資料の作成過程では，こうした異なる立場の6名がピア・チェックした。

資料編で示した業績一覧と研究史は，社会系教科の評価をめぐる研究の系譜を解明するための重要な基礎資料として歴史的意義を有するだろう。この文献基礎資料に加え，聞き取り資料も組み合わせることで，棚橋にとっての「社会科評価研究」の意味づけや着想過程を解明することができる。また，棚橋が残した研究課題（「真正面からの社会科評価研究」なるもの）に対する後進の社会科評価研究者のアプローチも比較・考察していきたい。

（玉井慎也，両角遼平，石原ナツミ，細川遼太，佐藤健翔，鬼塚　拓）

註

（1）発表資料（玉井ら，2021）および研究論文（玉井ら，2023）を参照されたい。

参考文献

・玉井慎也，両角遼平，鬼塚拓，細川遼太，佐藤健翔，石原ナツミ（2021）「「社会科評価研究」の困難性：大学院生・現場教員による研究者へのインタビューを通して」全国社会科教育学会第70回全国研究大会発表資料（2021年10月24日）【デジタル・アーカイブ先：玉井慎也の researchmap「講演・発表資料等」に掲載】
・玉井慎也，鬼塚拓，両角遼平，細川遼太，佐藤健翔，石原ナツミ，藤本将人（2023）「中堅社会科評価研究者が証言する「社会科評価研究」の「困難性」：藤本将人の「葛藤」「障壁」「課題」に着目して」『宮崎大学教育学部紀要』100号，pp. 158-171.

あ と が き

　本書は，令和4年度に広島大学を退職された棚橋健治氏の研究を基盤とし，社会科教育学についての研究・実践に取り組んでいる一同で協力し，未だに，社会科の「ブラックボックス」とされることの多い評価研究の新たな道筋を見出そうと，各執筆者が思いを込めて書いたものである。

　執筆者の核となるのは，「棚橋ゼミ」から巣立った社会科教育学の研究者である。それに加え，小学校，中学校での「実践」を通して，棚橋氏の理論・研究を具体化しようと試みている実践家，また，かつて，様々な形で棚橋氏から指導を受けた社会科教育学の研究者も執筆している。

　いわゆる「棚橋ゼミ」の面々は，「評価」についての研究をしていると一括りにされがちであるが，個々の研究の軌跡を見れば，非常に多様性があり，とても，一括りでまとめることは難しい。それは，そもそもの棚橋氏の研究の多様性・重層性に由来している。

　棚橋氏の業績は，以下のようにまとめることができる。以下は，2022年8月に鳴門社会科教育学会の研究大会で「日本における社会科教育に関する学問的研究のこれまでとこれから―鳴社学機関誌はなぜ「社会科教育」ではなく「社会認識教育」になったのか―」と題した講演で示した棚橋氏の紹介文である。

広島大学大学院教育学研究科教科教育学専攻博士課程後期を単位修得退学され，1986（昭和61）に鳴門教育大学に着任されました。鳴門教育大学では，教科・領域教育専攻社会系コースに所属され，研究及び教育指導に当たられました。
　1994（平成6）年からは，広島大学教育学部に異動され，同じく研究及び教育指導にあたられています。学会の活動・運営では，鳴門社会科教育学会をはじめ，全国社会科教育学会，中国四国教育学会，日本教育学会，日本教科教育学会等に所属さ

れ，理事・編集委員等の要職につかれました。特に，全国社会科教育学会において
は，平成29年，30年，令和元年と会長を務められました。また，中央教育審議会，
大学設置・学校法人審議会，国立大学教育研究評価委員会，大学機関別認証評価委
員会などの委員を務められました。

　先生は，社会系諸教科の理論及び実践の在り方について研究されており，中でも，
評価をご専門とされています。多様な学力論を展開するアメリカ社会科における学
習評価研究の分析により，一教科としての社会科学習評価法の確立過程とその到達
点を歴史的に解明することを通して，社会科の理念実現過程を解明した『アメリカ
社会科学習評価研究の史的展開』（風間書房，2002年）や，多様な社会科授業観を
具体化している典型的授業の授業展開，授業構成の原理，そこでの社会のわからせ
方に対する考えなどを分析・評価した『社会科の授業診断』（明治図書，2007年）
は，社会科の学習評価および授業評価についての考え方の基礎を築いています。ま
た，IEAによる市民性教育国際調査の結果及び項目を活用した大規模調査を実施し，
日本における子どもの市民性の実態を明らかにされ，国際バカロレアの理念を踏ま
えたカリキュラム・授業・評価の開発にも取り組んでおられます。

　このように，棚橋先生は，事実に基づいた緻密な分析と学校の実態に即した理論
の具体化に取り組まれており，社会と教育課程全体を広い視野から俯瞰し，接続を
図ろうとされている点にご研究の特徴があります。

　本講演を通して，日本における社会科教育に関する学問的研究の成立・発展過程
を，連鎖的に生起した課題の克服過程として捉え，それにより日本の社会科の学問
的研究における方法論の特質と課題が浮き彫りにされて，これからの研究のあり方
を考える大きな筋道が明らかにされると期待されます。

　本講演は，新構想大学の1つである鳴門教育大学の創設時の様子を踏まえ，
そこにおける教科教育，特に「社会科教育学」の確立に寄せる多くの先生方
の思い・願い，そして，それを形にするための核としての社会認識の位置づ
けについてのものであった。「教員養成の在り方」の再検討が叫ばれる昨今
にあって，その確立に尽力した多くの先生方の創設当時の思い・願いを振り
返ることは大きな意味があるといえよう。また，このことは，同時に，「社
会認識教育学」の創設から現代に至る過程の中で，棚橋氏が，「社会科教育
学」の「学」として成立条件と，研究成果の「社会的な意義・意味」を，海

外の知見や実践の場において，追求してきたことを意味している。ゆえに，氏の問題意識は，広いウィングを持ち，ゼミ生である我々は，自身の問題意識をぶつけることで，「社会科教育学」の研究を続けることができたのだと考える。

　本書では，棚橋氏と縁の深い先生方にコラムⅠ・Ⅱ・Ⅲを執筆いただいた。また，これまでの棚橋氏の業績を「評価をめぐる系譜」として資料編に整理している。これらの論考を通して，社会科における「評価」のブラックボックスが十分に解明できたわけではないが，本文を含め，いずれも，社会系教科の「評価」を考える上で非常に示唆的なものであり，今後の社会科教育学の発展につながるであろうことを期待している。よって，この本の是非は，読者の，そして，何より，恩師である棚橋氏のご判断にゆだねたい。

　本書は，棚橋ゼミ出身である「社会科の評価について考える会」として，井上奈穂（鳴門教育大学），岡田了祐（富山大学），後藤賢次郎（山梨大学），土肥大次郎（長崎大学），中原朋生（環太平洋大学），藤本将人（宮崎大学），峯明秀（大阪教育大学），渡邉巧（広島大学）（50音順）で協働して，編集を行ったものである。本書の作成を通して，棚橋氏によりつなげていただいた研究のネットワークを再確認することもできた。今後もこのつながりを大切にし，「社会科教育学」のさらなる発展に寄与したい。

令和5年11月
「社会科の評価について考える会」を代表して
井上奈穂

執筆者一覧

藤本将人　宮崎大学教育学部学校教育課程・准教授　　　　　第Ⅰ章第1節

岡田了祐　富山大学学術研究部教育学系（教育学部）・准教授　第Ⅰ章第2節

中原朋生　環太平洋大学次世代教育学部こども発達学科・教授　第Ⅰ章第3節

渡邉　巧　広島大学大学院人間社会科学研究科・准教授　　　第Ⅰ章第4節

後藤賢次郎　山梨大学大学院総合研究部教育学域・准教授　　　第Ⅰ章第5節

土肥大次郎　長崎大学大学院教育学研究科・准教授　　　　　　第Ⅱ章第1節

峯　明秀　大阪教育大学多文化教育系・教授　　　　　　　　第Ⅱ章第2節

井上奈穂　鳴門教育大学大学院学校教育研究科・准教授　　　第Ⅱ章第3節

石原ナツミ　広島市立南観音小学校・教諭　　　　第Ⅲ章第1節・資料編作成

德本侑子　熊野町立熊野中学校・教諭　　　　　　　　　　　第Ⅲ章第2節

伊藤直之　鳴門教育大学大学院学校教育研究科・准教授　　　コラムⅠ－1

玉井慎也　北海道教育大学釧路校・講師　　　コラムⅠ－2・資料編作成

草原和博　広島大学大学院人間社会科学研究科・教授　　　　コラムⅡ－1

山田秀和　岡山大学学術研究院教育学域・教授　　　　　　　コラムⅡ－2

梅津正美　鳴門教育大学理事・副学長　　　　　　　　　　　コラムⅢ

鬼塚　拓　宮崎市立宮崎中学校・教諭　　　　　　　　　　　資料作成

佐藤健翔　北海道浜中町立霧多布中学校・教諭　　　　　　　資料作成

細川遼太　盛岡市立黒石野中学校・教諭　　　　　　　　　　資料作成

両角遼平　広島大学大学院博士課程後期・院生　　　　　　　資料作成

＊所属は2023年8月現在

社会系教科の評価をめぐる理論と実践

2023年11月30日　初版第 1 刷発行

編者　　社会科の評価について考える会

発行者　　風　間　敬　子

発行所　　株式会社風　間　書　房
〒101-0051　東京都千代田区神田神保町 1-34
電話 03(3291)5729　FAX 03(3291)5757
振替 00110-5-1853

印刷　太平印刷社　　製本　井上製本所